Autor _ Federico García Lorca
Título _ Romanceiro cigano
(Romancero gitano)
(1924–1927)

Copyright	Hedra 2011
Tradução©	Fábio Aristimunho Vargas
Título original	*Romancero gitano (1924–1927)*, 1928
Corpo editorial	Adriano Scatolin, Alexandre B. de Souza, Bruno Costa, Caio Gagliardi, Fábio Mantegari, Felipe C. Pedro, Iuri Pereira, Jorge Sallum, Oliver Tolle, Ricardo Musse, Ricardo Valle
Dados	

Dados Internacionais de Catalogação na Publicação (CIP)

G198 García Lorca, Federico (1898–1936).

Romanceiro cigano (Romancero gitano) (1924–1927). / Federico García Lorca. Edição bilíngue espanhol–português com cronologia em apêndice. Organização e tradução de Fábio Aristimunho Vargas. — São Paulo: Hedra, 2011. 164 p.

ISBN 978-85-7715-230-8

1. Literatura espanhola. 2. Poesia. 3. Poesia espanhola. 4. Poesia dramática. I. Título. II. Romancero gitano. III. "Resgatando a 'ciganidade' do Romancero gitano". IV. Primeiro romanceiro cigano. V. Vargas, Fábio Aristimunho, organizador. VI. Vargas, Fábio Aristimunho, tradutor.

CDU 860
CDD 863.7

Elaborado por Wanda Lucia Schmidt CRB-8-1922

Direitos reservados em língua portuguesa somente para o Brasil

EDITORA HEDRA LTDA.

Endereço	R. Fradique Coutinho, 1139 (subsolo) 05416-011 São Paulo SP Brasil
Telefone/Fax	+55 11 3097 8304
E-mail	editora@hedra.com.br
Site	www.hedra.com.br

Foi feito o depósito legal.

Autor _ Federico García Lorca
Título _ Romanceiro cigano
(Romancero gitano)
(1924–1927)
Organização e tradução _ Fábio Aristimunho Vargas
São Paulo _ 2011

hedra

Federico García Lorca (Fuente Vaqueros, Granada, 1898–entre Víznar e Alfacar, Granada, 1936) foi um poeta e dramaturgo espanhol pertencente à Geração de 27, que congregou os poetas do modernismo na Espanha. Formou-se em Direito pela Universidade de Granada. Seu primeiro livro foi *Impresiones y paisajes* (1918). Nos anos seguintes, residindo em Madri, publicou a peça *El malefício de la mariposa* (1920), o *Livro de poemas* e *Poema del cante jondo* (1921), a *Oda a Salvador Dalí* (1926) e o *Romancero gitano* (1928). Em 1929 vai para Nova York, onde fica até o ano seguinte, o mesmo em que publica o livro oriundo desta experiência, *Poeta en Nueva York*. Visita Cuba no mesmo ano e, em 1933, a Argentina, onde cuida da montagem de espetáculos pela companhia estatal de teatro La Barraca. Em 1935, publica um de seus poemas mais conhecidos, *Llanto por Ignacio Sánchez Mejías*. García Lorca foi executado aos 38 anos, quando eclode a Guerra Civil Espanhola, que entronizaria o general Francisco Franco, e os militares derrubam o governo da Segunda República Espanhola, de cujos quadros o poeta fazia parte como codiretor da companhia La Barraca.

Romancero gitano, publicado em 1928, contém dezoito poemas que tematizam aspectos da cultura dos ciganos da Andaluzia. O *Romanceiro* pode ser entendido no âmbito das trocas entre a cultura popular e a produção erudita, que ocasionou grandes obras no século XX, nas letras e nas outras artes. O livro é considerado um dos pontos altos da obra de García Lorca, e é também aquele que obteve a mais ampla acolhida do público. Além de poemas de matiz mais estritamente lírico, há aqueles narrativos, na tradição hispânica dos romances, formas de poesia narrativa de temática mais prosaica muito em voga nos séculos XVI e XVII.

Fábio Aristimunho Vargas (1977–) é escritor, professor e advogado. Bacharel em Direito e mestre em Direito Internacional, ambos pela USP. Doutorando em Teoria Literária pela UFPR, na linha de pesquisa Estudos da Tradução. Autor dos livros de poesia *Medianeira* (São Paulo: Quinze & Trinta, 2005) e *Pré-datados* (São Paulo: Lumme, 2010). Organizador e tradutor da coleção *Poesias de Espanha: das origens à Guerra Civil*, em quatro volumes: *Poesia galega*, *Poesia espanhola*, *Poesia catalã* e *Poesia basca* (São Paulo: Hedra, 2009). Como tradutor publicou ainda *La entrañable costumbre* (Tlaquepaque: Mantis, 2008), do mexicano Luis Aguilar, e *Canto desalojado* (São Paulo: Lumme, 2010), do uruguaio Alfredo Fressia. Foi tradutor-residente na Universitat Autònoma de Barcelona com bolsa do Institut Ramon Llull para tradutores de literatura catalã (2009).

SUMÁRIO

Introdução, por Fábio Aristimunho Vargas........... 9

PRIMEIRO ROMANCEIRO CIGANO   23
1. Romance de la luna, luna 24
1. Romance da lua, lua 25
2. Preciosa y el aire 28
2. Preciosa e o ar 29
3. Reyerta 34
3. Rixa 35
4. Romance sonámbulo 38
4. Romance sonâmbulo 39
5. La monja gitana 46
5. A freira cigana 47
6. La casada infiel 50
6. A casada infiel 51
7. Romance de la pena negra 56
7. Romance da pena negra 57
8. San Miguel 60
8. São Miguel 61
9. San Rafael 66
9. São Rafael 67
10. San Gabriel 72
10. São Gabriel 73
11. Prendimiento de Antoñito el Camborio en el camino de Sevilla . 78
11. Prisão de Antoninho, o Cambório, no caminho de Sevilha 79
12. Muerte de Antoñito el Camborio 82
12. Morte de Antoninho, o Cambório 83
13. Muerto de amor 88
13. Morto de amor 89
14. Romance del emplazado 94
14. Romance do emprazado 95
15. Romance de la Guardia Civil Española 100
15. Romance da Guarda Civil Espanhola 101

Três romances históricos	112
16. Martirio de Santa Olalla	112
16. Martírio de Santa Eulália	113
17. Burla de Don Pedro a caballo	118
17. Burla de Dom Pedro a cavalo	119
18. Thamar y Amnón	126
18. Tamar e Amnon	127
APÊNDICE	**137**
Notas	139
Cronologia	153

INTRODUÇÃO
Resgatando a "ciganidade"
do Romancero gitano

Romancero gitano, livro publicado em 1928, foi a obra consagradora e um dos pontos culminantes da poesia do escritor espanhol Federico García Lorca (1898-1936). Os gitanos, como são chamados os ciganos da Espanha, têm seu universo e sua alma desvendados pelos dezoito romances que compõem o livro, em que desfilam elementos da natureza (a lua, os animais, as plantas, o vento, o rio Guadalquivir) ao lado de figuras da condição gitana (o cavaleiro, a freira, a rixa, a cartomancia, a Guarda Civil, o destino trágico), todos plenos de simbolismo.

Do título originalmente pensado para o livro, *Primer romancero gitano*, o adjetivo *Primer* (primeiro) acabou suprimido da capa, já na primeira edição, por uma decisão editorial com anuência do autor. Consagrou-se assim o mais sucinto *Romancero gitano*, que permaneceu na capa nas edições subsequentes, embora no frontispício constasse sempre o título alternativo *Primer romancero gitano*. Esse "primeiro" deve ser entendido não como indício da intenção do autor de publicar um segundo ou terceiro volumes, mas sim como uma alusão à primazia e originalidade do tema, uma reivindicação do mérito de haver poetizado o gitano pela primeira vez.

Com seu *Romancero gitano* García Lorca realiza a façanha de aliar a tradição à vanguarda, a lírica à dramaturgia, o popular ao erudito, o regional ao universal. Ao

INTRODUÇÃO

mesmo tempo em que resgata a tradição hispânica dos romances, bebe das conquistas das vanguardas, sem no entanto deixar-se limitar pelas restrições impostas pelas correntes mais radicais e suas tendências elitistas. A erudição das técnicas e do estilo convive em harmonia com o ritmo e os temas populares. Suas coloridas metáforas "gitanizam" o universo para tornar universal o gitano.

Os dezoito poemas do livro tratam de grandes temas universais, tais como o amor, a morte, o destino, a violência, o sexo, a religiosidade, aplicados a dois motivos centrais: o gitano, que é o cigano da Espanha, e a Andaluzia, a terra natal do poeta, ambos representados de maneira mítica e metafórica. O gitano do *Romancero gitano* é retratado não como um ente folclórico, estereotipado, mas sim como uma representação do mundo andaluz e do marginalizado social, aquele que luta contra a coação da sociedade e a coerção de um Estado opressor, carregando consigo um destino trágico. Tampouco a Andaluzia que aparece no livro é uma Andaluzia pitoresca, flamenca, folclórica, mas sim uma Andaluzia profunda, oculta, a ser mais sentida do que descrita.

O romance é uma forma poética característica da tradição literária espanhola, derivada da cultura oral, de caráter essencialmente narrativo e com uma grande variedade temática. Estruturados tradicionalmente em heptassílabos (octossílabos pela métrica espanhola), seus versos apresentam rima toante, cuja sonoridade se baseia nas vogais, alternados com versos brancos, sem rima. Já *romancero*, "romanceiro" em português, designa uma coletânea de romances.

Em seu epistolário, García Lorca define o "seu" romance como "um mito inventado por mim". O poeta no entanto não deixou de aproveitar muitos dos recursos tradicionais do *Romancero Viejo* em suas composições: (i) referências de tempo e lugar para situar a ação narrada ("Fue la noche de Santiago", "cerca del Guadalquivir", "A las nueve de la noche"); (ii) emprego de versos de arte menor com rima toante em posições intercaladas, com exceção do poema 17; (iii) emprego do epíteto épico ("Dios te salve, Anunciación. / Madre de cien dinastías", "Antonio Torres Heredia, / hijo y nieto de Camborios"); (iv) a representação de falas não introduzidas por *verba dicendi* nem recursos gráficos que as delimitem, como travessões ou aspas, o que se observa em inúmeras passagens; (v) interrupção da narrativa em seu momento de máxima tensão.

A pontuação "não acadêmica" empregada nos poemas, que por vezes confunde o leitor com sua vírgulas aparentemente deslocadas, já foi atribuída por alguns críticos não somente à busca por uma entonação musical, oral, de uma obra essencialmente pensada para a leitura em voz alta, mas também à desatenção característica do autor para com seus originais:

Todo parece indicar que, conforme a su costumbre, Lorca corrigió las pruebas sin demasiada atención. Su excepcional memoria, que había llegado al aprendizaje de prácticamente todos los poemas del libro, tampoco favorecía la mejor corrección. El resultado fue una edición algo descuidada. [...] De hecho, los problemas textuales que presenta el libro, y que tampoco son excesivos, proceden, casi todos, del propio autor, de sus peculiares hábitos en la conformación y preparación de sus manuscritos. (García-Posada, 1988, p. 91)

De fato a normalização da pontuação levada a cabo pelos diferente editores após a morte do autor é um dos elementos que geram maior dificuldade na fixação do texto e um dos fatores de discórdia mortal entre os organizadores de edições críticas.

O livro ainda guarda grande afinidade com o teatro lorquiano, com seus diálogos rápidos e o início *in media res*, ou seja, com a narrativa começando no meio da história. Em muitas passagens predomina a ação dramática, especialmente em poemas como "La casada infiel" (A casada infiel), "Muerte de Antoñito el Camborio" (Morte de Antoninho, o Cambório) e "Thamar y Amnón" (Tamar e Amnon), ainda que muitas vezes encoberta por metáforas de apreensão nem sempre imediata.

A MACROESTRUTURA DO ROMANCERO GITANO

Os poemas que integram o *Romancero gitano* estão ordenados em sequência numérica, de 1 a 18. Os quinze primeiros formam o núcleo propriamente "gitano" do livro, versando sobre a realidade e a vida dos ciganos da Andaluzia. Já os três últimos, agrupados sob a denominação Três romances históricos, formam um título à parte, inclusive com uma temática diferenciada, embora não haja dúvidas de que estejam integrados ao conjunto maior, entre outros motivos porque o autor os numerou de acordo com a sequência dos poemas precedentes.

A ordem em que estão dispostos os textos nos permite formular algumas considerações. Podemos identificar certas afinidades temáticas, nem sempre evidentes, entre poemas "vizinhos", o que nos leva a constatar a existência de subgrupos dentro do livro, pequenas séries com certo fio condutor. Considerando, assim, esses agrupamentos temáticos dos poemas, propomos a seguir um breve roteiro interpretativo da macroestrutura do *Romancero gitano*.

I) **Os gitanos e as forças místicas (poemas 1 a 3)** Os três primeiros poemas apresentam certas forças místicas, em geral associadas à natureza, que interagem com os gitanos e condicionam seus destinos. Em "Romance de la luna, luna" (Romance da lua, lua), um menino morre na ausência de seus pais depois de seduzido pela lua. Em "Preciosa y el aire" (Preciosa e o ar), um vento antropomórfico persegue e ataca sexualmente uma gitana. "Reyerta" (Rixa) mostra a violência existente entre os próprios gitanos, instalada em sua sociedade quase como uma condição metafísica, própria de sua natureza ("aqui passou-se o de sempre", diz o juiz).

Esses poemas introduzem o leitor no mundo trágico dos gitanos, com suas vidas influenciadas por forças místicas mas também por forças humanas extremas: o amor e a morte (Eros e Tânatos), a força bruta, a altercação, o destino. A lua, que ao todo aparece 33 vezes ao longo do livro, um terço das quais somente no primeiro poema, além de outras tantas de forma indireta ("Sem luz de prata nas copas" etc.), representa um poder místico contra o qual nada pode, num claro simbolismo da morte. A crença na capacidade de influência da lua sobre os destinos humanos, que praticamente não encontra lugar na mentalidade ocidental moderna, parece ser um denominador comum das culturas que a antropologia clássica denominava "primitivas", termo hoje defasado por seu etnocentrismo e por ser politicamente incorreto.

II) **As sombras da condição feminina (poemas 4 a 7)** Os quatro poemas seguintes, essencialmente líricos, retratam personagens femininas em face de certos dilemas, enfrentando-os na qualidade de gitanas. Em "Romance sonámbulo" (Romance sonâmbulo), uma gitana morre, após suportar longa espera pelo improvável retorno de seu amado, e seu corpo é encontrado por ele boiando numa cisterna. Em "La monja gitana" (A freira cigana), uma freira dedicada a seu bordado, na clausura do convento, liberta sua imaginação sonhando aventuras amorosas. Em "La casada infiel" (A casada infiel), poema narrado em primeira pessoa por um gitano, uma mulher casada se entrega a uma relação casual a despeito de seu estado civil. O "Romance de la pena negra" (Romance da pena negra) revela a personagem Soledad Montoya amargurada pelas mágoas que carrega.

Temos aqui uma tetralogia de sombras, com três poemas se passando à noite e um, o da freira, sob a perpétua penumbra do claustro. Há as sombras do cavaleiro que retorna gravemente ferido para casa apenas para ver-se assombrado pela morte de sua amada. Há as sombras metafóricas da freira, que se divide entre o desejo de liberdade amorosa e a fidelidade a sua fé, optando por esta última e consolando-se com a luz enviesada das frestas. Há a ausência de luar que propicia a discrição necessária para um encontro amoroso ("Sem luz de prata nas copas"), momento em que a casada infiel opta, ao contrário da freira, pela liberdade sexual em detrimento da fidelidade. E há a escuridão do monte por onde Soledad Montoya, desacompanhada, passeia sua amargura negra.

III) Três anjos, três cidades (poemas 8 a 10) Tríptico que associa arcanjos mítico-gitanos a cidades emblemáticas da Andaluzia: "San Miguel" (São Miguel) e Granada, "San Rafael" (São Rafael) e Córdoba, "San Gabriel" (São Gabriel) e Sevilha. São poemas herméticos, de difícil interpretação, repletos de metáforas obscuras.

IV) Epopeias de prisão e morte (poemas 11 a 15) Os poemas desta sequência têm em comum o destino trágico de seus personagens e o tratamento épico da narrativa.

"Prendimiento de Antoñito el Camborio en el camino de Sevilla" (Prisão de Antoninho, o Cambório, no caminho de Sevilha) mostra a detenção de um jovem gitano por um motivo irrisório. Já "Muerte de Antoñito el Camborio" (Morte de Antoninho, o Cambório) traz o mesmo personagem como vítima da inveja alheia. Em "Muerto de amor" (Morto de amor) figura um personagem que pede a sua mãe que dê notícias de sua morte por meio de telegramas. "Romance del emplazado" (Romance do emprazado) nos revela o inconformismo de um gitano predestinado a morrer. O "Romance de la Guardia Civil Española" (Romance da Guarda Civil Espanhola), o mais extenso poema do livro, é uma metáfora da destruição do mundo mítico-gitano-andaluz.

Nesses cinco poemas os personagens, todos homens, encontram-se presos, metafórica ou fisicamente, a suas próprias circunstâncias: no primeiro, Antoninho é detido pela Guarda Civil; no segundo, o mesmo Antoninho é capturado e morto por seus primos; no terceiro, mais um personagem aprisionado por Eros; no último, cujo personagem central é a *ciudad de los gitanos*, a prisão marca presença com sua grande ausência, visto que a Guarda Civil não faz prisioneiros na aldeia gitana invadida. São poemas que têm em comum a sombra da morte, inclusive o primeiro, que constitui um prelúdio à morte que virá no poema seguinte.

V) Três relatos pseudo-históricos (poemas 16 a 18) Os três últimos poemas, "Martirio de Santa Olalla" (Martírio de Santa Eulália), "Burla de Don Pedro a caballo" (Burla de Dom Pedro a cavalo) e "Thamar y Amnón" (Tamar e Amnon), formam um conjunto à parte, denominado Três romances históricos. Representam uma exceção ao motivo gitano-andaluz do poemário, visto que neles a ação se passa em locais e períodos remotos, distanciados da Andaluzia, versando sobre temas históricos, bíblicos e hagiográficos. Apenas no último poema, numa breve passagem, aparece uma referência direta ao povo cigano: "Alrededor de Thamar / gritan vírgenes gitanas / y otras recogen las gotas / de su flor martirizada" (v. 85–88, no original), em que jovens gitanas figuram como damas de companhia da princesa Tamar, recém-deflorada por seu meio-irmão Amnon.

Apesar da aparente descontextualização, os Três romances históricos guardam importantes similaridades com os demais poemas do livro, visto que versam sobre personagens, tal como os ciganos na Andaluzia, perseguidos e de certa forma marginalizados pelas sociedades de que fazem parte: a jovem Santa Eulália, martirizada pelas autoridades romanas em Mérida; um cavaleiro aparentemente medieval, cuja morte não desperta maiores pesares; o incestuoso Amnon, personagem bíblico implacavelmente castigado por seu (suposto) crime.

SOBRE A PRESENTE EDIÇÃO E A TRADUÇÃO

Nesta edição foi mantida a duplicidade de títulos, *Romanceiro cigano (Romancero gitano)* na capa e *Primeiro romanceiro cigano (Primer romancero gitano)* na portada, conforme o procedimento editorial das primeiras edições espanholas (1928, 1935, 1936) e da edição argentina (1933) feitas em vida do poeta.

Convém observar que o texto original espanhol sofreu importantes revisões após a primeira edição, levadas a cabo pelo autor e também pelos diferentes editores, muitas vezes à revelia daquele, resultando hoje um trabalho altamente complexo a sua fixação. Os originais tal como aqui apresentados resultam do cotejo entre diversas edições críticas, em especial as de Miguel García-Posada, Josephs/Caballero e Francisco Alonso, das quais adotamos os reparos e ajustes que nos pareceram mais coerentes e que suscitam menores questionamentos. Procuramos de um modo geral seguir a primeira edição espanhola do *Romancero gitano*, de 1928, preservando tanto quanto possível a pontuação peculiar do autor, a disposição estrófica e seus demais aspectos (asteriscos, caixas altas, dedicatórias etc.) quando divergentes em relação às edições posteriores.

A presente tradução constitui nada menos que a quarta incursão brasileira pelo *Romacero gitano* e a primeira realizada após a queda em domínio público da obra lorquiana. As traduções brasileiras anteriores, de Afonso Felix de Sousa (Civilização Brasileira, 1957), de Oscar Mendes (José Aguilar, 1974) e de William Agel de Mello (Martim Fontes/UnB, 1989), têm cada qual suas muitas virtudes e notas características, sobre as quais não convém aqui dissertar. Já sobre esta nova tradução (Hedra, 2011) podemos dizer que se preocupou sobretudo em aproximar o texto ao leitor mais do que o leitor ao texto, buscando preservar a musicalidade dos versos originais, recriando-a sempre que necessário, e mantendo-se o mais possível fiel, em nível léxico-semântico, à proposta de uma linguagem simples e acessível, porém expressiva, que caracteriza o original espanhol.

No apêndice "Vida e obra de Federico García Lorca" buscamos sintetizar a trajetória biográfica e literária do autor, culminando com sua trágica execução em 1936 levada a cabo pelos golpistas nacionalistas, o que o tornou uma das primeiríssimas e inusitadas vítimas da Guerra

Civil Espanhola e o alçou abruptamente à imortalidade literária.

Já as notas ao fim deste volume procuram fornecer ao leitor breves chaves interpretativas dos poemas, além de comentários pontuais sobre o trabalho de tradução.

POR QUE UM ROMANCEIRO "CIGANO"?

O título desta tradução, *Romanceiro cigano*, certamente causará estranhamento ao leitor já apresentado à obra lorquiana. No Brasil de certo modo se convencionou traduzir *Romancero gitano* por *Romanceiro gitano*, acrescentando-se tão-somente uma letra para aportuguesar-lhe a grafia. O que propomos, com o nosso *Romanceiro cigano*, é uma reflexão crítica sobre a natureza da obra de Federico García Lorca e o papel do tradutor ao transpô-la ao português.

Os ciganos são um povo nômade originário da Índia e disperso por vários países, com cultura, ética e comportamento próprios. Na Espanha os ciganos são denominados *gitanos*, palavra derivada de *egiptano*, devido à crença de que seriam provenientes do Egito. Portanto *gitano*, em língua espanhola, se refere aos ciganos de qualquer tempo e lugar, inclusive os da Espanha. Em português, por outro lado, "gitano" designa especificamente o cigano da Espanha.

Isso posto, grafar "gitano" em português numa tradução do *Romancero gitano* seria trocar o genérico pelo específico, o popular pelo erudito, o trivial pelo distante, seria introduzir rebuscamento onde no original há clarividência. O leitor brasileiro comum não é – não deveria ser – obrigado a conhecer uma realidade alheia para ser capaz de compreender um livro de caráter popular como o *Romancero gitano*. Ele talvez nada saiba a respeito dos gitanos da Espanha, mas certamente sabe dos ciganos, e essa chave é suficiente para que compreenda, *a priori*, a proposta da obra.

A grafia "cigano", por outro lado, permite que o leitor de língua portuguesa vislumbre, ainda que por um instante, o relato lorquiano transposto ao seu contexto doméstico, vivencie em sua realidade particular as experiências importadas de uma cultura que lhe é alienígena, preservando-se na tradução a tensão entre o local e o universal que caracteriza a obra.

Entendemos que a palavra "gitano", em português, cabe perfeitamente numa análise crítica da obra, numa resenha, numa tese, nesta introdução. Porém não na tradução. Não, sobretudo, no título. Se o leitor se vir obrigado a abrir um dicionário para saber que o livro fala de ciganos já a partir da capa, então terá o tradutor incorrido na velha maldição do *traduttore traditore*.

Resgatar, em suma, a "ciganidade" do *Romancero gitano* para os olhos do leitor de língua portuguesa. Aproximar o texto ao leitor e não o contrário. Eis o porquê do presente *Romanceiro cigano*.

BIBLIOGRAFIA

ALONSO, Francisco. "Prólogo". In: GARCÍA LORCA, Federico. *Romancero gitano, Llanto por Ignacio Sánchez Mejías*. Madrid: Edaf, 1986.

FERNÁNDEZ DE LOS RÍOS, Luis Beltran. *La arquitectura del humo: una reconstrucción del "Romancero gitano" de Federico García Lorca*. London: Tamesis Books Limited, 1986.

GARCÍA LORCA, Federico. *Primer Romancero Gitano; Llanto por Ignacio Sánchez Mejías*. Edición de Miguel García-Posada. Madrid: Castalia, 1988.

_____. *Romanceiro gitano*. Trad. Afonso Félix de Souza. Rio de Janeiro: Civilização Brasileira, 1957.

_____. *Romanceiro gitano e outros poemas*. Trad. e org. Oscar Mendes. Rio de Janeiro: José Aguilar, 1975.

_____. *Romancero gitano*. Edición de Emilio de Miguel. Madrid: Espasa Calpe, 1996.

_____. *Obra poética completa*. Trad. William Agel de Melo. Brasília: Ed. UNB, São Paulo: Imprensa Oficial do Estado de São Paulo, 2004.

_____. *Poema del cante jondo, Romancero gitano*. Edición de Allen Josephs y Juan Caballero. Madrid: Cátedra, 1998.

GARCÍA-POSADA, Miguel. "Introducción". In: GARCÍA LORCA, Federico. *Primer Romancero Gitano; Llanto por Ignacio Sánchez Mejías*. Madrid: Castalia, 1988.

GLASSER, Doris Margaret. "Lorca's 'Burla de Don Pedro a Caballo'". In: *Hispania*, vol. 47, n. 2 (May, 1964).

MARTÍN, Eutimio. "La nueva dimensión 'crítica' de Federico García Lorca a luz de sus escritos juveniles inéditos". In: Coloquio Hispano-Francés. *Valoración actual de la obra de García Lorca*. Madrid: Editorial de la Universidad Complutense, 1988.

MARTINI, Maria de Lourdes. "Una lectura del *Romance sonámbulo*, de Lorca". In: *Hispanista*, n. 10. Disponível em: <http://hispanista.com.br/revista/artigo85.htm>. Acessado em jul/2010.

Romancero gitano

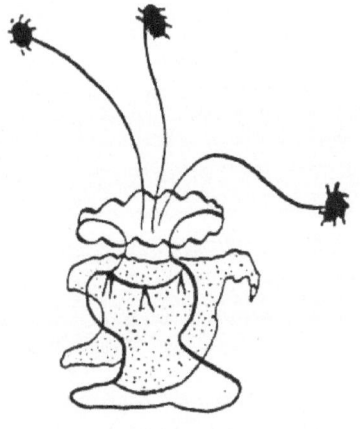

por

Federico García Lorca

1924
1927

Revista de
Occidente

PRIMEIRO ROMANCEIRO CIGANO
(PRIMER ROMANCERO GITANO)
(1924-1927)

1. ROMANCE DE LA LUNA, LUNA

A Conchita García Lorca

La luna vino a la fragua
con su polisón de nardos.
El niño la mira, mira.
El niño la está mirando.
En el aire conmovido
mueve la luna sus brazos
y enseña, lúbrica y pura,
sus senos de duro estaño.
Huye luna, luna, luna.
Si vinieran los gitanos,
harían con tu corazón
collares y anillos blancos.
Niño, déjame que baile.
Cuando vengan los gitanos,
te encontrarán sobre el yunque
con los ojillos cerrados.
Huye luna, luna, luna,
que ya siento los caballos.
Niño, déjame, no pises
mi blancor almidonado.

1. ROMANCE DA LUA, LUA

A Conchita García Lorca

A lua chegou à forja
com sua anquinha de nardos.
O menino olha-a, olha.
O menino a está olhando.
Pelo vento comovido
a lua move seus braços
e exibe, lúbrica e pura,
seus seios de duro estanho.
Foge lua, lua, lua.
Se viessem os ciganos,
com teu coração fariam
anéis e colares brancos.
Menino, deixa que eu dance.
Quando vierem os ciganos,
te acharão sobre a bigorna
com os olhinhos fechados.
Foge lua, lua, lua,
que já pressinto os cavalos.
Guri, deixa-me, não pises
o meu brancor engomado.

El jinete se acercaba
tocando el tambor del llano.
Dentro de la fragua el niño
tiene los ojos cerrados.

Por el olivar venían,
bronce y sueño, los gitanos.
Las cabezas levantadas
y los ojos entornados.

¡Cómo canta la zumaya,
ay, cómo canta en el árbol!
Por el cielo va la luna
con un niño de la mano.

Dentro de la fragua lloran,
dando gritos, los gitanos.
El aire la vela, vela.
El aire la está velando.

O cavaleiro chegava
tocando o tambor do plaino.
Dentro da forja o menino
está de olhos fechados.

Vinham pelo oliveiral,
bronze e sonho, os ciganos.
As cabeças levantadas
e os olhos semicerrados.

Como canta o bacurau,
ai, como canta no galho!
Pelo céu a lua segue
com um menino nos braços.

Lá, dentro da forja, choram,
dando gritos, os ciganos.
Os ares velam-na, velam.
Os ares a estão velando.

2. PRECIOSA Y EL AIRE

A Dámaso Alonso

Su luna de pergamino
Preciosa tocando viene
por un anfibio sendero
de cristales y laureles.
El silencio sin estrellas,
huyendo del sonsonete,
cae donde el mar bate y canta
su noche llena de peces.
En los picos de la sierra
los carabineros duermen
guardando las blancas torres
donde viven los ingleses.
Y los gitanos del agua
levantan por distraerse,
glorietas de caracolas
y ramas de pino verde.

2. PRECIOSA E O AR

A Dámaso Alonso

Na lua de pergaminho
Preciosa tocando segue
por um anfíbio caminho
de cristais e louros verdes.
O silêncio sem estrelas,
da batucada a esconder-se,
cai onde o mar bate e canta
a noite cheia de peixes.
Na serra os carabineiros
pelos cumes adormecem
vigiando as brancas torres
onde vivem os ingleses.
E os ciganos da água
para distrair-se se erguem,
gazebos de caracóis
e ramos de pinho verde.

Su luna de pergamino
Preciosa tocando viene.
Al verla se ha levantado
el viento que nunca duerme.
San Cristobalón desnudo,
lleno de lenguas celestes,
mira a la niña tocando
una dulce gaita ausente.

Niña, deja que levante
tu vestido para verte.
Abre en mis dedos antiguos
la rosa azul de tu vientre.

Preciosa tira el pandero
y corre sin detenerse.
El viento-hombrón la persigue
con una espada caliente.

Frunce su rumor el mar.
Los olivos palidecen.
Cantan las flautas de umbría
y el liso gong de la nieve.

Na lua de pergaminho
Preciosa tocando segue.
Ao vê-la se ergueu o vento,
vento que nunca adormece.
E São Cristóvão desnudo,
cheio de línguas celestes,
olha a menina tocando
uma doce gaita ausente.

Menina, deixa que eu erga
teu vestido para ver-te.
Abre em meus dedos antigos
a rosa azul de teu ventre.

Preciosa atira o pandeiro
e dispara sem deter-se.
Vento-homenzarrão persegue-a
com uma espada ardente.

Franze seu rumor o mar.
Olivais empalidecem.
Cantam as flautas de umbria
e o liso gongo da neve.

¡Preciosa, corre, Preciosa,
que te coge el viento verde!
¡Preciosa, corre, Preciosa!
¡Míralo por donde viene!
Sátiro de estrellas bajas
con sus lenguas relucientes.

*

Preciosa, llena de miedo,
entra en la casa que tiene,
más arriba de los pinos,
el cónsul de los ingleses.

Asustados por los gritos
tres carabineros vienen,
sus negras capas ceñidas
y los gorros en las sienes.

El inglés da a la gitana
un vaso de tibia leche,
y una copa de ginebra
que Preciosa no se bebe.

Y mientras cuenta, llorando,
su aventura a aquella gente,
en las tejas de pizarra
el viento, furioso, muerde.

Preciosa, corre, Preciosa,
que te pega o vento verde!
Preciosa, corre, Preciosa!
Olha por onde vem ele!
Sátiro de estrelas baixas
com as línguas reluzentes.

*

Preciosa adentra, de medo
cheia, a casa que pertence,
mais acima dos pinheiros,
ao que é cônsul dos ingleses.

Assustados pelos gritos
três soldados aparecem,
as negras capas cingidas
e nas testas os barretes.

O inglês dá à cigana
um copo de morno leite,
mais uma taça de gim
que Preciosa não bebe.

E enquanto conta, chorando,
a aventura àquela gente,
pelas telhas de piçarra,
bravo, o vento a morder segue.

3. REYERTA

A Rafael Méndez

En la mitad del barranco
las navajas de Albacete,
bellas de sangre contraria,
relucen como los peces.
Una dura luz de naipe
recorta en el agrio verde
caballos enfurecidos
y perfiles de jinetes.
En la copa de un olivo
lloran dos viejas mujeres.
El toro de la reyerta
se sube por las paredes.
Ángeles negros traían
pañuelos y agua de nieve.
Ángeles con grandes alas
de navajas de Albacete.
Juan Antonio el de Montilla
rueda muerto la pendiente,
su cuerpo lleno de lirios
y una granada en las sienes.
Ahora monta cruz de fuego,
carretera de la muerte.

3. RIXA

A Rafael Méndez

Na metade do barranco
as navalhas de Albacete,
belas de sangue contrário,
reluzem como os peixes.
Uma dura luz de naipe
recorta no ácido verde
cavalos enfurecidos
e silhuetas de ginetes.
Na copa de uma oliveira
choram duas velhas mulheres.
Está o touro da rixa
subindo pelas paredes.
Anjos negros carregavam
lenços e água de neve.
Anjos com enormes asas
de navalhas de Albacete.
Juan Antonio, o de Montilla,
morto, a encosta rola e desce,
seu corpo cheio de lírios
com uma romã na frente.
Monta cruz de fogo agora,
senda para a morte à frente.

*

El juez, con guardia civil,
por los olivares viene.
Sangre resbalada gime
muda canción de serpiente.
Señores guardias civiles:
aquí pasó lo de siempre.
Han muerto cuatro romanos
y cinco cartagineses.

*

La tarde loca de higueras
y de rumores calientes
cae desmayada en los muslos
heridos de los jinetes.
Y ángeles negros volaban
por el aire del poniente.
Ángeles de largas trenzas
y corazones de aceite.

*

   O juiz, com guarda-civil,
pelos olivedos segue.
Geme sangue deslizado
muda canção de serpente.
Senhores guardas-civis:
aqui passou-se o de sempre.
Morreram quatro romanos
e cinco cartagineses.

*

   Louca, a tarde de figueiras
e de rumores ardentes
cai desmaiada nas coxas
machucadas dos ginetes.
E negros anjos voavam
através do ar do poente.
Anjos de compridas tranças
e de corações de azeite.

4. ROMANCE SONÁMBULO

*A Gloria Giner
y Fernando de los Ríos*

Verde que te quiero verde.
Verde viento. Verdes ramas.
El barco sobre la mar
y el caballo en la montaña.
Con la sombra en la cintura
ella sueña en su baranda,
verde carne, pelo verde,
con ojos de fría plata.
Verde que te quiero verde.
Bajo la luna gitana,
las cosas la están mirando
y ella no puede mirarlas.

4. ROMANCE SONÂMBULO

*A Gloria Giner
e Fernando de los Ríos*

Verde que te quero verde.
Verde vento. Verdes ramas.
O barco vai sobre o mar
e o cavalo na montanha.
Com a sombra na cintura
sonha ela em sua sacada,
verde carne, fios verdes,
com olhos de fria prata.
Verde que te quero verde.
Sob uma lua cigana,
as coisas estão olhando-a
e ela não pode olhá-las.

Verde que te quiero verde.
Grandes estrellas de escarcha,
vienen con el pez de sombra
que abre el camino del alba.
La higuera frota su viento
con la lija de sus ramas,
y el monte, gato garduño,
eriza sus pitas agrias.
¿Pero quién vendrá? ¿Y por dónde...?
Ella sigue en su baranda,
verde carne, pelo verde,
soñando en la mar amarga.
Compadre, quiero cambiar
mi caballo por su casa,
mi montura por su espejo,
mi cuchillo por su manta.
Compadre, vengo sangrando,
desde los puertos de Cabra.
Si yo pudiera, mocito,
ese trato se cerraba.
Pero yo ya no soy yo,
ni mi casa es ya mi casa.
Compadre, quiero morir
decentemente en mi cama.

*

Verde que te quero verde.
Grandes estrelas de geada,
vêm com o peixe de sombra
que abre o caminho da alva.
Seu vento a figueira roça
com lixa de suas ramas,
e o monte, gato gatuno,
eriça as piteiras agras.
Mas quem virá? E por onde...?
Ela segue na sacada,
verde carne, fios verdes,
sonhando em águas amargas.
Compadre, quero trocar
meu cavalo por sua casa,
o arreio por seu espelho,
minha faca por sua manta.
Compadre, venho sangrando,
de lá dos portos de Cabra.
Se eu pudesse, mocinho,
esse negócio eu fechava.
Porém eu já não sou eu,
nem a casa é minha casa.
Compadre, quero morrer
dignamente em minha cama.

De acero, si puede ser,
con las sábanas de Holanda.
¿No ves la herida que tengo
desde el pecho a la garganta?
Trescientas rosas morenas
lleva tu pechera blanca.
Tu sangre rezuma y huele
alrededor de tu faja.
Pero yo ya no soy yo,
ni mi casa es ya mi casa.
Dejadme subir al menos
hasta las altas barandas,
¡dejadme subir!, dejadme
hasta las verdes barandas.
Barandales de la luna
por donde retumba el agua.

*

Ya suben los dos compadres
hacia las altas barandas.
Dejando un rastro de sangre.
Dejando un rastro de lágrimas.
Temblaban en los tejados
farolillos de hojalata.
Mil panderos de cristal,
herían la madrugada.

De aço, se possível for,
com os lençóis de Holanda.
Não vês a chaga que tenho
do peito até a garganta?
Trezentas rosas morenas
teu branco peitilho guarda.
Teu sangue exala e transpira
ao redor de tua faixa.
Porém eu já não sou eu,
nem a casa é minha casa.
Deixai-me subir ao menos
até as altas sacadas,
deixai-me subir!, deixai-me
até as verdes sacadas.
Os parapeitos da lua
por onde retumba a água.

*

  Já sobem os dois compadres
até as altas sacadas.
Deixando um rastro de sangue.
Deixando um rastro de lágrimas.
Tremulavam nos telhados
lamparininhas de lata.
Mil pandeiros de cristal
feriam a madrugada.

*

   Verde que te quiero verde,
verde viento, verdes ramas.
Los dos compadres subieron.
El largo viento, dejaba
en la boca un raro gusto
de hiel, de menta y de albahaca.
¡Compadre! ¿Dónde está, dime?
¿Dónde está tu niña amarga?
¡Cuántas veces te esperó!
¡Cuántas veces te esperara
cara fresca, negro pelo,
en esta verde baranda!

*

   Sobre el rostro del aljibe
se mecía la gitana.
Verde cama, pelo verde,
con ojos de fría plata.
Un carámbano de luna
la sostiene sobre el agua.
La noche se puso íntima
como una pequeña plaza.
Guardias civiles borrachos
en la puerta golpeaban.
Verde que te quiero verde.
Verde viento. Verdes ramas.
El barco sobre la mar.
Y el caballo en la montaña.

*

  Verde que te quero verde,
verde vento, verdes ramas.
Os dois compadres subiram.
O longo vento deixava
na boca um gosto incomum
de fel, de menta e alfavaca.
Compadre! Onde está, dize-me?
Onde, tua filha amarga?
Quantas vezes te esperou!
Quantas vezes te esperara,
rosto fresco, negros fios,
cá nesta verde sacada!

*

  Sobre o rosto da cisterna
balançava-se a cigana.
Verde cama, fios verdes,
com olhos de fria prata.
Há um sincelo de lua
a sustê-la sobre a água.
A noite tornou-se íntima
como uma pequena praça.
Guardas-civis embriagados
na porta davam pancadas.
Verde que te quero verde.
Verde vento. Verdes ramas.
O barco vai sobre o mar.
E o cavalo na montanha.

5. LA MONJA GITANA

A José Moreno Villa

Silencio de cal y mirto.
Malvas en las hierbas finas.
La monja borda alhelíes
sobre una tela pajiza.
Vuelan en la araña gris,
siete pájaros del prisma.
La iglesia gruñe a lo lejos
como un oso panza arriba.
¡Qué bien borda ! ¡Con qué gracia!
Sobre la tela pajiza,
ella quisiera bordar
flores de su fantasía.
¡Qué girasol! ¡Qué magnolia
de lentejuelas y cintas!
¡Qué azafranes y qué lunas,
en el mantel de la misa!
Cinco toronjas se endulzan
en la cercana cocina.

5. A FREIRA CIGANA

A José Moreno Villa

Silêncio de cal e mirto.
Malvas entre as ervas finas.
A freira borda alelis
numa toalha amarelinha.
Voam no lustre cinzento
sete pássaros do prisma.
A igreja grunhe à distância
como urso de pança acima.
Quão bem borda! Com que graça!
Sobre a toalha amarelinha,
ela quisera bordar
flores de sua fantasia.
Que girassol! Que magnólia
de lantejoulas e cintas!
Que açafrões e que luas,
na toalha do altar da missa!
Cinco toranjas se adoçam
numa próxima cozinha.

Las cinco llagas de Cristo
cortadas en Almería.
Por los ojos de la monja
galopan dos caballistas.
Un rumor último y sordo
le despega la camisa,
y al mirar nubes y montes
en las yertas lejanías,
se quiebra su corazón
de azúcar y yerbaluisa.
¡Oh!, qué llanura empinada
con veinte soles arriba.
¡Qué ríos puestos de pie
vislumbra su fantasía!
Pero sigue con sus flores,
mientras que de pie, en la brisa,
la luz juega el ajedrez
alto de la celosía.

As cinco chagas de Cristo
cortadas em Almeria.
Dois ginetes pelos olhos
da freira a galope iam.
Um rumor último e surdo
desprega sua camisa,
e ao olhar nuvens e montes
nas longas distâncias hirtas,
parte-se o seu coração
de açúcar e erva-luísa.
Oh!, que planura empinada
com uns vinte sóis em cima.
Que rios dispostos de pé
vislumbra-lhe a fantasia!
Mas segue com suas flores,
enquanto de pé, na brisa,
a luz disputa o xadrez
sublime da gelosia.

6. LA CASADA INFIEL

*A Lydia Cabrera
y a su negrita*

Y que yo me la llevé al río
creyendo que era mozuela,
pero tenía marido.
Fue la noche de Santiago
y casi por compromiso.
Se apagaron los faroles
y se encendieron los grillos.
En las últimas esquinas
toqué sus pechos dormidos,
y se me abrieron de pronto
como ramos de jacintos.
El almidón de su enagua
me sonaba en el oído,
como una pieza de seda
rasgada por diez cuchillos.
Sin luz de plata en sus copas
los árboles han crecido,
y un horizonte de perros
ladra muy lejos del río.

6. A CASADA INFIEL

*A Lydia Cabrera
e à sua negrinha*

E eu que a levei até o rio
achando que era donzela,
mas ela tinha marido.
Foi na noite de Santiago
e quase por compromisso.
Apagaram-se os lampiões
e se acenderam os grilos.
Já nas últimas esquinas
toquei seus peitos dormidos,
que a mim se abriram de pronto
como ramos de jacintos.
A goma de sua anágua
soava no meu ouvido
como um artigo de seda
por dez facas afligido.
Sem luz de prata nas copas
as árvores têm crescido,
e um horizonte de cães
ladra bem longe do rio.

Pasadas las zarzamoras,
los juncos y los espinos,
bajo su mata de pelo
hice un hoyo sobre el limo.
Yo me quité la corbata.
Ella se quitó el vestido.
Yo el cinturón con revólver.
Ella sus cuatro corpiños.
Ni nardos ni caracolas
tienen el cutis tan fino,
ni los cristales con luna
relumbran con ese brillo.
Sus muslos se me escapaban
como peces sorprendidos,
la mitad llenos de lumbre,
la mitad llenos de frío.
Aquella noche corrí
el mejor de los caminos,
montado en potra de nácar
sin bridas y sin estribos.
No quiero decir, por hombre,
las cosas que ella me dijo.
La luz del entendimiento
me hace ser muy comedido.
Sucia de besos y arena
yo me la llevé del río.
Con el aire se batían
las espadas de los lirios.

*

   Passadas as amoreiras,
os juncos e os pés de espinho,
sob a mata de seus cachos
fiz um ninho sobre o limo.
Eu tirei minha gravata.
Ela tirou o vestido.
Eu, o cinto com revólver.
Ela, seus quatro corpinhos.
Nem nardos nem caracóis
têm cútis com tanto viço,
nem os cristais sob a lua
resplendem com igual brilho.
Suas coxas me escapavam
como peixes surpreendidos,
metade cheias de luz,
metade cheias de frio.
Galopei naquela noite
o melhor dos meus caminhos,
montado em potra de nácar
sem rédeas e sem estribos.
Não vou dizer, por ser homem,
o que por ela foi dito.
A luz do entendimento
me faz ser mais comedido.
Suja de beijos e areia
levei-a embora do rio.
Contra a aragem batiam
suas espadas os lírios.

Me porté como quien soy.
Como un gitano legítimo.
La regalé un costurero
grande, de raso pajizo,
y no quise enamorarme
porque teniendo marido
me dijo que era mozuela
cuando la llevaba al río.

Portei-me como quem sou.
Como um cigano legítimo.
Dei-lhe um cesto de costura
grande, de raso palhiço,
e não quis me enamorar
porque, tendo ela marido,
me disse que era donzela
quando eu a levava ao rio.

7. ROMANCE DE LA PENA NEGRA

A José Navarro Pardo

Las piquetas de los gallos
cavan buscando la aurora,
cuando por el monte oscuro
baja Soledad Montoya.
Cobre amarillo, su carne,
huele a caballo y a sombra.
Yunques ahumados sus pechos,
gimen canciones redondas.
Soledad, ¿por quién preguntas
sin compaña y a estas horas?
Pregunte por quien pregunte,
dime: ¿a ti qué se te importa?
Vengo a buscar lo que busco,
mi alegría y mi persona.
Soledad de mis pesares,
caballo que se desboca,
al fin encuentra la mar
y se lo tragan las olas.
No me recuerdes el mar,
que la pena negra, brota
en las tierras de aceituna
bajo el rumor de las hojas.
¡Soledad, qué pena tienes!
¡Qué pena tan lastimosa!

7. ROMANCE DA PENA NEGRA

A José Navarro Pardo

As picaretas dos galos
cavam buscando a aurora,
quando pelo monte escuro
desce Soledad Montoya.
Cobre-lhe amarelo a carne,
cheira a cavalo e a sombra.
Seus peitos, bigornas grises,
murmuram canções redondas.
Soledad, por quem perguntas
sem companhia a esta hora?
Perguntes por quem perguntes,
dize-me: a ti, que te importa?
Venho buscar o que busco,
minha alegria e pessoa.
Soledad dos meus pesares,
cavalo que se desboca
encontra por fim o mar
e é tragado pelas ondas.
Não me recordes o mar,
pois a pena negra brota
lá nas terras de azeitona
sob o murmúrio das folhas.
Soledad, que pena tens!
Que pena tão lastimosa!

Lloras zumo de limón
agrio de espera y de boca.
¡Qué pena tan grande! Corro
mi casa como una loca,
mis dos trenzas por el suelo,
de la cocina a la alcoba.
¡Qué pena! Me estoy poniendo
de azabache, carne y ropa.
¡Ay mis camisas de hilo!
¡Ay mis muslos de amapola!
Soledad: lava tu cuerpo
con agua de las alondras,
y deja tu corazón
en paz, Soledad Montoya.

*

  Por abajo canta el río:
volante de cielo y hojas.
Con flores de calabaza,
la nueva luz se corona.
¡Oh pena de los gitanos!
Pena limpia y siempre sola.
¡Oh pena de cauce oculto
y madrugada remota!

Choras sumo de limão
acre de espera e de boca.
Que enorme pena! Percorro
minha casa feito louca,
no chão minhas duas tranças,
da cozinha até a alcova.
Que pena! Estou me tornando
de azeviche, carne e roupa.
Ai, minhas blusas de linha!
Ai, meus quadris de amapola!
Com a água das cotovias,
Soledad, teu corpo molha,
e deixa o teu coração
em paz, Soledad Montoya.

*

   Lá embaixo canta o rio:
babado de céu e folhas.
Com flores de aboboreira
a nova luz se coroa.
Oh, a pena dos ciganos!
Pena limpa e misantropa.
Oh pena de álveo oculto
e madrugada remota!

8. SAN MIGUEL
(GRANADA)

A Diego Buigas de Dalmáu

Se ven desde las barandas,
por el monte, monte, monte,
mulos y sombras de mulos
cargados de girasoles.

Sus ojos en las umbrías
se empañan de inmensa noche.
En los recodos del aire
cruje la aurora salobre.

Un cielo de mulos blancos
cierra sus ojos de azogue
dando a la quieta penumbra
un final de corazones.
Y el agua se pone fría
para que nadie la toque.
Agua loca y descubierta
por el monte, monte, monte.

8. SÃO MIGUEL
(GRANADA)

A Diego Buigas de Dalmáu

Veem-se desde as sacadas,
pelo monte, monte, monte,
mulas e sombras de mulas
girassóis levando aos montes.

Os seus olhos nas umbrias
se empanam de imensa noite.
Pelas arestas do ar
crepita a aurora salobre.

Um éden de mulas brancas
fecha seus olhos de azougue
dando um fim de corações
para a penumbra imóvel.
E a água se torna fria
para que ninguém a toque.
Água louca e descoberta
pelo monte, monte, monte.

*

   San Miguel lleno de encajes
en la alcoba de su torre,
enseña sus bellos muslos
ceñidos por los faroles.

   Arcángel domesticado
en el gesto de las doce,
finge una cólera dulce
de plumas y ruiseñores.
San Miguel canta en los vidrios;
efebo de tres mil noches,
fragante de agua colonia
y lejano de las flores.

*

   El mar baila por la playa,
un poema de balcones.
Las villas de la luna
pierden juncos, ganan voces.
Vienen manolas comiendo
semillas de girasoles,
los culos grandes y ocultos
como planetas de cobre.
Vienen altos caballeros
y damas de triste porte,
morenas por la nostalgia
de un ayer de ruiseñores.
Y el obispo de Manila,
ciego de azafrán y pobre,
dice misa con dos filos
para mujeres y hombres

*

São Miguel cheio de rendas
na alcova de sua torre
mostra suas belas coxas
cingidas por lampiões.

Arcanjo domesticado
em pleno gesto das doze,
de plumas e rouxinóis
finge uma cólera doce.
São Miguel canta nos vidros;
efebo de três mil noites,
cheirando à água-de-cheiro
e distanciado das flores.

*

O mar dança pela praia,
um poema de balcões.
As cercanias da lua
perdem juncos, ganham vozes.
Sementes de girassóis
garotas comendo acorrem,
as bundas grandes e ocultas
como planetas de cobre.
Vêm altivos cavalheiros
e damas de triste porte,
morenas pela saudade
daqueles rouxinóis de ontem.
Já o bispo de Manila,
cego de açafrão e pobre,
reza missa com dois fios
para mulheres e homens.

San Miguel se estaba quieto
en la alcoba de su torre,
con las enaguas cuajadas
de espejitos y entredoses.

San Miguel, rey de los globos
y de los números nones,
en el primor berberisco
de gritos y miradores.

*

São Miguel estava quieto
na alcova de sua torre,
com as anáguas repletas
de entremeios e espelhotes.

São Miguel, o rei dos números
ímpares e rei dos orbes,
na destreza berberisca
de gritos e miradores.

9. SAN RAFAEL
(CÓRDOBA)

A Juan Izquierdo Croselles

I

Coches cerrados llegaban
a las orillas de juncos
donde las ondas alisan
romano torso desnudo.
Coches, que el Guadalquivir
tiende en su cristal maduro,
entre láminas de flores
y resonancia de nublos.
Los niños tejen y cantan
el desengaño del mundo,
cerca de los viejos coches
perdidos en el nocturno.
Pero Córdoba no tiembla
bajo el misterio confuso,
pues si la sombra levanta
la arquitectura del humo,
un pie de mármol afirma
su casto fulgor enjuto.

9. SÃO RAFAEL
(CÓRDOBA)

A Juan Izquierdo Croselles

I

Coches fechados chegavam
nas ribanceiras de juncos,
lá onde as ondas alisam
romano torso desnudo.
Coches, que o Guadalquivir
leva em seu cristal maduro,
entre lágrimas de flores
e certo ressoar núveo.
Meninos tecem e cantam
o desengano do mundo,
próximos aos velhos coches
perdidos pelo noturno.
Porém Córdoba não treme
sob o mistério confuso,
porque se a sombra levanta
a arquitetura do fúmeo,
um pé de mármore afirma
seu casto fulgor enxuto.

Pétalos de lata débil
recaman los grises puros
de la brisa, desplegada
sobre los arcos de triunfo.
Y mientras el puente sopla
diez rumores de Neptuno,
vendedores de tabaco
huyen por el roto muro.

II

  Un solo pez en el agua
que a las dos Córdobas junta:
Blanca Córdoba de juncos.
Córdoba de arquitectura.
Niños de cara impasible
en la orilla se desnudan,
aprendices de Tobías
y Merlines de cintura,
para fastidiar al pez
en irónica pregunta
si quiere flores de vino
o saltos de media luna.
Pero el pez, que dora el agua
y los mármoles enluta,
les da lección y equilibrio
de solitaria columna.
El Arcángel aljamiado
de lentejuelas oscuras,
en el mitin de las ondas
buscaba rumor y cuna.

Pétalas de lata débil
adornam os grises puros
da brisa, que se estendeu
sobre os arcos de triunfo.
E enquanto que a ponte sopra
dez rumores de Netuno,
vendedores de tabaco
fogem pelo roto muro.

II

Um só peixe dentro d'água
que as duas Córdobas junta:
Branca Córdoba de juncos.
Córdoba de arquitetura.
Jovens de rosto impassível
na ribeira se desnudam,
aprendizes de Tobias,
também Merlins de cintura,
para aborrecer o peixe
em irônica pergunta
se ele quer flores de vinho
ou saltos de meia-lua.
Mas o peixe, que doura a água
e os mármores enluta,
lhes dá lição e equilíbrio
de solitária coluna.
O Arcanjo aljamiado
de lantejoulas escuras,
em assembleia das ondas
rumor e berço procura.

*

Un solo pez en el agua.
Dos Córdobas de hermosura.
Córdoba quebrada en chorros.
Celeste Córdoba enjuta.

*

Um só peixe dentro d'água.
Córdobas do belo: duas.
Córdoba quebrada em jorros.
Celeste Córdoba enxuta.

10. SAN GABRIEL
(SEVILLA)

A D. Agustín Viñuales

I

Un bello niño de junco,
anchos hombros, fino talle,
piel de nocturna manzana,
boca triste y ojos grandes,
nervio de plata caliente,
ronda la desierta calle.
Sus zapatos de charol
rompen las dalias del aire,
con los dos ritmos que cantan
breves lutos celestiales.
En la ribera del mar
no hay palma que se le iguale,
ni emperador coronado
ni lucero caminante.
Cuando la cabeza inclina
sobre su pecho de jaspe,
la noche busca llanuras
porque quiere arrodillarse.
Las guitarras suenan solas
para San Gabriel Arcángel,
domador de palomillas
y enemigo de los sauces.

10. SÃO GABRIEL
(SEVILHA)

A D. Agustín Viñuales

I

Belo menino de junco,
largos ombros, fino talhe,
pele de maçã noturna,
boca triste e olhos grandes,
nervo de escaldante prata,
da erma rua rondante.
Seus sapatos de verniz
as dálias do ar abatem,
com os dois ritmos que cantam
lutos celestiais findáveis.
Não há palmeira, na beira
do mar, que a ele se iguale,
nem imperador coroado
nem luzeiro caminhante.
Quando a cabeça se inclina
sobre seu peito de jaspe,
a noite busca planuras
porque quer ajoelhar-se.
As guitarras, para São
Gabriel Arcanjo elas tangem,
domador de pombazinhas
e que aos salgueiros combate.

San Gabriel: El niño llora
en el vientre de su madre.
No olvides que los gitanos
te regalaron el traje.

II

   Anunciación de los Reyes,
bien lunada y mal vestida,
abre la puerta al lucero
que por la calle venía.
El Arcángel San Gabriel,
entre azucena y sonrisa,
bisnieto de la Giralda,
se acercaba de visita.
En su chaleco bordado
grillos ocultos palpitan.
Las estrellas de la noche
se volvieron campanillas.
San Gabriel: Aquí me tienes
con tres clavos de alegría.
Tu fulgor abre jazmines
sobre mi cara encendida.
Dios te salve, Anunciación.
Morena de maravilla.
Tendrás un niño más bello
que los tallos de la brisa.
¡Ay San Gabriel de mis ojos!
¡Gabrielillo de mi vida!
Para sentarte yo sueño
un sillón de clavelinas.

São Gabriel: o nenê chora
no ventre de sua mãe.
Não esqueças que os ciganos
te presentearam o traje.

II

   Anunciação dos Reis,
bem lunada e mal vestida,
abre a porta pro luzeiro
que pelo caminho vinha.
O Arcanjo São Gabriel,
entre açucena e alegria,
o bisneto da Giralda,
chegava para visita.
Em seu jaleco bordado
grilos ocultos palpitam.
Já as estrelas da noite
tornaram-se campainhas.
São Gabriel: eis-me aqui
com três cravos de alegria.
Teu fulgor abre jasmins
em minha face encendida.
Deus te salve, Anunciação.
Morena de maravilha.
Terás um filho mais belo
do que os rebentos da brisa.
Ai, São Gabriel dos meus olhos!
Gabrielzinho, minha vida!
Para te sentar eu sonho
com poltrona de cravinas.

Dios te salve, Anunciación,
bien lunada y mal vestida.
Tu niño tendrá en el pecho
un lunar y tres heridas.
¡Ay San Gabriel que reluces!
¡Gabrielillo de mi vida!
En el fondo de mis pechos
ya nace la leche tibia.
Dios te salve, Anunciación.
Madre de cien dinastías.
Áridos lucen tus ojos,
paisajes de caballista.

*

El niño canta en el seno
de Anunciación sorprendida.
Tres balas de almendra verde
tiemblan en su vocecita.

Ya San Gabriel en el aire
por una escala subía.
Las estrellas de la noche
se volvieron siemprevivas.

Deus te salve, Anunciação,
bem lunada e mal vestida.
Teu filho terá no peito
uma pinta e três feridas.
Ai, São Gabriel que reluzes!
Gabrielzinho, minha vida!
Já no fundo dos meus peitos
leite morno se anuncia.
Deus te salve, Anunciação.
Ó mãe de cem dinastias.
Áridos luzem teus olhos,
com cavaleiros à vista.

*

Canta o menino no seio
de Anunciação surpreendida.
Três balas de amêndoa verde
tremem em sua vozinha.

Já São Gabriel no ar
por uma escada subia.
As estrelas da alta noite
se tornaram sempre-vivas.

11. PRENDIMIENTO DE ANTOÑITO EL CAMBORIO EN EL CAMINO DE SEVILLA

A Margarita Xirgu

Antonio Torres Heredia,
hijo y nieto de Camborios,
con una vara de mimbre
va a Sevilla a ver los toros.
Moreno de verde luna
anda despacio y garboso.
Sus empavonados bucles
le brillan entre los ojos.
A la mitad del camino
cortó limones redondos,
y los fue tirando al agua
hasta que la puso de oro.
Y a la mitad del camino,
bajo las ramas de un olmo,
guardia civil caminera
lo llevó codo con codo.

11. PRISÃO DE ANTONINHO, O CAMBÓRIO, NO CAMINHO DE SEVILHA

A Margarita Xirgu

Antonio Torres Heredia,
filho e neto de Cambórios,
com uma vara de vime
vai a Sevilha ver touros.
Moreno de verde lua
vai devagar e garboso.
Seus empavoados cachos
resplendem entre seus olhos.
Na metade do caminho
cortou uns limões redondos
e os foi atirando n'água
até que a tornou de ouro.
E no meio do caminho,
sob os galhos de um olmo,
guarda-civil caminheiro
com braços pra trás levou-o.

El día se va despacio,
la tarde colgada a un hombro,
dando una larga torera
sobre el mar y los arroyos.
Las aceitunas aguardan
la noche de Capricornio,
y una corta brisa, ecuestre,
salta los montes de plomo.
Antonio Torres Heredia,
hijo y nieto de Camborios,
viene sin vara de mimbre
entre los cinco tricornios.

Antonio, ¿quién eres tú?
Si te llamaras Camborio,
hubieras hecho una fuente
de sangre con cinco chorros.
Ni tú eres hijo de nadie,
ni legítimo Camborio.
¡Se acabaron los gitanos
que iban por el monte solos!
Están los viejos cuchillos
tiritando bajo el polvo.

A las nueve de la noche
lo llevan al calabozo,
mientras los guardias civiles
beben limonada todos.
Y a las nueve de la noche
le cierran el calabozo,
mientras el cielo reluce
como la grupa de un potro.

*

Vagaroso vai-se o dia,
pendente a tarde num ombro,
dando um prolongado *olé*
perante o mar e os arroios.
As azeitonas aguardam
a noite de Capricórnio,
e uma curta brisa, equestre,
contorna os plúmbeos morros.
Antonio Torres Heredia,
filho e neto de Cambórios,
chega sem vara de vime
por entre os cinco tricórnios.

Antonio, quem é você?
Se se chamasse Cambório,
teria feito uma fonte
de sangue com cinco jorros.
Sequer é filho de alguém,
nem legítimo Cambório.
Acabaram-se os ciganos
que iam sós pelo morro!
As velhas facas estão
tiritando sob o solo.

Às nove horas da noite
levam-no ao calabouço,
enquanto os guardas-civis
limonada bebem todos.
E às nove horas da noite
trancam-no no calabouço,
enquanto o céu resplandece
como a garupa de um potro.

12. MUERTE DE ANTOÑITO EL CAMBORIO

A José Antonio Rubio Sacristán

Voces de muerte sonaron
cerca del Guadalquivir.
Voces antiguas que cercan
voz de clavel varonil.
Les clavó sobre las botas
mordiscos de jabalí.
En la lucha daba saltos
jabonados de delfín.
Bañó con sangre enemiga
su corbata carmesí,
pero eran cuatro puñales
y tuvo que sucumbir.
Cuando las estrellas clavan
rejones al agua gris,
cuando los erales sueñan
verónicas de alhelí,
voces de muerte sonaron
cerca del Guadalquivir.

12. MORTE DE ANTONINHO, O CAMBÓRIO

A José Antonio Rubio Sacristán

Vozes de morte soaram
perto do Guadalquivir.
Vozes antigas que buscam
voz de cravo varonil.
Cravou sobre suas botas
mordidas de javali.
No combate dava saltos
ensaboados de delfim.
Banhou com sangue inimigo
a gravata carmesim,
mas eram quatro punhais
e teve que sucumbir.
Quando as estrelas encravam
lanças contra a água gris,
quando sonham os bezerros
verônicas de aleli,
vozes de morte soaram
perto do Guadalquivir.

Antonio Torres Heredia,
Camborio de dura crin,
moreno de verde luna,
voz de clavel varonil:
¿Quién te ha quitado la vida
cerca del Guadalquivir?
Mis cuatro primos Heredias
hijos de Benamejí.
Lo que en otros no envidiaban,
ya lo envidiaban en mí.
Zapatos color corinto,
medallones de marfil,
y este cutis amasado
con aceituna y jazmín.
¡Ay Antoñito el Camborio,
digno de una Emperatriz!
Acuérdate de la Virgen
porque te vas a morir.
¡Ay Federico García,
llama a la Guardia Civil!
Ya mi talle se ha quebrado
como caña de maíz.

Antonio Torres Heredia,
Cambório equino e bravio,
moreno de verde lua,
voz de cravo varonil:
Quem tirou a sua vida
perto do Guadalquivir?
Meus quatro primos Heredias
filhos de Benamejí.
O não invejado de outros
já invejavam de mim.
Sapatos cor roxo escuro
com medalhões de marfim,
e esta cútis misturada
com azeitona e jasmim.
Ai, Antoninho, o Cambório,
digno de uma Imperatriz!
Lembre-se agora da Virgem
porque vai morrer, partir.
Ai, Federico García,
chame já a Guarda Civil!
Como uma haste de milho
o meu talhe se partiu.

Tres golpes de sangre tuvo
y se murió de perfil.
Viva moneda que nunca
se volverá a repetir.
Un ángel marchoso pone
su cabeza en un cojín.
Otros de rubor cansado,
encendieron un candil.
Y cuando los cuatro primos
llegan a Benamejí,
voces de muerte cesaron
cerca del Guadalquivir.

Levou três golpes sangrentos
e faleceu de perfil.
Viva moeda que nunca
tornará a repetir.
Um anjo galante põe-lhe
a cabeça num coxim.
Outros, de rubor cansado,
acenderam um candil.
E quando chegam os quatro
primos a Benamejí,
vozes de morte cessaram
perto do Guadalquivir.

13. MUERTO DE AMOR

A Margarita Manso

¿Qué es aquello que reluce
por los altos corredores?
Cierra la puerta, hijo mío,
acaban de dar las once.
En mis ojos, sin querer,
relumbran cuatro faroles.
Será que la gente aquella
estará fregando el cobre.

*

Ajo de agónica plata
la luna menguante, pone
cabelleras amarillas
a las amarillas torres.
La noche llama temblando
al cristal de los balcones,
perseguida por los mil
perros que no la conocen,
y un olor de vino y ámbar
viene de los corredores.

13. MORTO DE AMOR

A Margarita Manso

Que é aquilo que reluz
lá nos altos corredores?
Fecha a porta, filho meu,
acabam de dar as onze.
Em meus olhos, sem querer,
relumbram quatro lampiões.
Será que aquela gente
estará esfregando o cobre?

*

Alho de agônica prata
a lua minguante, põe
cabeleiras amarelas
sobre as amarelas torres.
A noite chama tremendo
a vidraça dos balcões,
dos mil cães que a desconhecem
ela perseguida corre,
e um odor de vinho e âmbar
vem de lá dos corredores.

Brisas de caña mojada
y rumor de viejas voces,
resonaban por el arco
roto de la media noche.
Bueyes y rosas dormían.
Sólo por los corredores
las cuatro luces clamaban
con el furor de San Jorge.
Tristes mujeres del valle
bajaban su sangre de hombre,
tranquila de flor cortada
y amarga de muslo joven.
Viejas mujeres del río
lloraban al pie del monte,
un minuto intransitable
de cabelleras y nombres.
Fachadas de cal, ponían
cuadrada y blanca la noche.
Serafines y gitanos
tocaban acordeones.
Madre, cuando yo me muera,
que se enteren los señores.
Pon telegramas azules
que vayan del Sur al Norte.

*

   Brisas de cana molhada
e rumor de velhas vozes
ressoavam pelo arco
partido da meia-noite.
Dormiam rosas e bois.
Somente nos corredores
as quatro luzes clamavam
com o furor de São Jorge.
Tristes mulheres do vale
baixavam seu sangue de homem,
tranquilo de flor cortada
e amargo de coxa jovem.
Velhas mulheres do rio
choravam ao pé do monte,
um minuto intransitável
de cabeleiras e nomes.
Fachadas caiadas punham
quadrada e branca essa noite.
Ciganos e serafins
tocavam acordeões.
Minha mãe, quando eu morrer,
disso saibam os senhores.
Envie azuis telegramas
que viajem do Sul ao Norte.

Siete gritos, siete sangres,
siete adormideras dobles,
quebraron opacas lunas
en los oscuros salones.
Lleno de manos cortadas
y coronitas de flores,
el mar de los juramentos
resonaba, no sé dónde.
Y el cielo daba portazos
al brusco rumor del bosque,
mientras clamaban las luces
en los altos corredores.

Sete gritos, sete sangues,
sete dormideiras *flore
pleno*, a quebrar foscas luas
pelos escuros salões.
Repleto de mãos cortadas
e coroazinhas de flores,
o oceano dos juramentos
ressoava, não sei onde.
E o céu batia portas
ao brusco rumor do bosque,
enquanto as luzes clamavam
lá nos altos corredores.

14. ROMANCE DEL EMPLAZADO

Para Emilio Aladrén

¡Mi soledad sin descanso!
Ojos chicos de mi cuerpo
y grandes de mi caballo,
no se cierran por la noche
ni miran al otro lado
donde se aleja tranquilo
un sueño de trece barcos.
Sino que limpios y duros
escuderos desvelados,
mis ojos miran un norte
de metales y peñascos
donde mi cuerpo sin venas
consulta naipes helados.

*

  Los densos bueyes del agua
embisten a los muchachos
que se bañan en las lunas
de sus cuernos ondulados.
Y los martillos cantaban
sobre los yunques sonámbulos,
el insomnio del jinete
y el insomnio del caballo.

14. ROMANCE DO EMPRAZADO

Para Emilio Aladrén

Ó solidão sem descanso!
Do meu corpo olhos pequenos
e grandes do meu cavalo,
não se fecham pela noite
nem olham para o outro lado
onde se afasta tranquilo
um sonho de treze barcos.
Apenas limpos e duros
escudeiros desvelados,
meus olhos veem um norte
de metais e de penhascos
onde o meu corpo sem veias
consulta naipes gelados.

*

Investem contra os rapazes
os búfalos encorpados,
que eles se banham nas luas
de seus cornos ondulados.
E cantavam os martelos
sobre a incude e o chão sonâmbulos,
a insônia do ginete
e a insônia do cavalo.

*

   El veinticinco de junio
le dijeron a el Amargo:
Ya puedes cortar si gustas
las adelfas de tu patio.
Pinta una cruz en la puerta
y pon tu nombre debajo,
porque cicutas y ortigas
nacerán en tu costado,
y agujas de cal mojada
te morderán los zapatos.
Será de noche, en lo oscuro,
por los montes imantados,
donde los bueyes del agua
beben los juncos soñando.
Pide luces y campanas.
Aprende a cruzar las manos,
y gusta los aires fríos
de metales y peñascos.
Porque dentro de dos meses
yacerás amortajado.

*

   Espadón de nebulosa
mueve en el aire Santiago.
Grave silencio, de espalda,
manaba el cielo combado.

*

Em vinte e cinco de junho
alguém disse para o Amargo:
Já podes cortar se queres
as adelfas do teu pátio.
Pinta na porta uma cruz
e põe o teu nome embaixo,
porque cicutas e urtigas
nascerão no teu costado,
e agulhas de cal molhada
morderão os teus sapatos.
Será de noite, no escuro,
pelos montes imantados,
onde búfalos da água
bebem os juncos sonhando.
Pede luzes e campanas.
Aprende a cruzar as mãos
e aprecia os ares frios
de metais e de penhascos.
Porque dentro de dois meses
jazerás amortalhado.

*

Espadão de nebulosa
no ar move Santiago.
Grave silêncio, de costas,
jorrava o céu encurvado.

*

 El veinticinco de junio
abrió sus ojos Amargo,
y el veinticinco de agosto
se tendió para cerrarlos.
Hombres bajaban la calle
para ver al emplazado,
que fijaba sobre el muro
su soledad con descanso.
Y la sábana impecable,
de duro acento romano,
daba equilibrio a la muerte
con las rectas de sus paños.

*

   Em vinte e cinco de junho
seus olhos abriu Amargo,
e em vinte e cinco de agosto
se estendeu para fechá-los.
Homens desciam a rua
para ver o emprazado,
que fixava sobre o muro
a solidão com descanso.
E o impecável lençol,
de duro acento romano,
dava equilíbrio à morte
com as retas de seus panos.

15. ROMANCE DE LA GUARDIA CIVIL ESPAÑOLA

A Juan Guerrero,
Cónsul general de la Poesía

Los caballos negros son.
Las herraduras son negras.
Sobre las capas relucen
manchas de tinta y de cera.
Tienen, por eso no lloran,
de plomo las calaveras.
Con el alma de charol
vienen por la carretera.
Jorobados y nocturnos,
por donde animan ordenan
silencios de goma oscura
y miedos de fina arena.
Pasan, si quieren pasar,
y ocultan en la cabeza
una vaga astronomía
de pistolas inconcretas.

15. ROMANCE DA GUARDA CIVIL ESPANHOLA

*A Juan Guerrero,
Cônsul-geral da poesia*

Os cavalos negros são.
As ferraduras são negras.
Por sobre as capas reluzem
manchas de tinta e de cera.
Têm, e por isso não choram,
de chumbo suas caveiras.
Com a alma envernizada
se acercam pela vereda.
Corcorvados e noturnos,
por onde animam ordenam
silêncios de goma escura
e medos de fina areia.
Passam, se querem passar,
e ocultam bem na cabeça
uma vaga astronomia
de pistolas inconcretas.

*

 ¡Oh ciudad de los gitanos!
En las esquinas banderas.
La luna y la calabaza
con las guindas en conserva.
¡Oh ciudad de los gitanos!
¿Quién te vio y no te recuerda?
Ciudad de dolor y almizcle,
con las torres de canela.

*

 Cuando llegaba la noche,
noche que noche nochera,
los gitanos en sus fraguas
forjaban soles y flechas.
Un caballo malherido,
llamaba a todas las puertas.
Gallos de vidrio cantaban
por Jerez de la Frontera.
El viento vuelve desnudo
la esquina de la sorpresa,
en la noche platinoche
noche, que noche nochera.

*

   Oh cidade dos ciganos!
Pelas esquinas bandeiras.
A abóbora e o luar
com cerejas em conserva.
Oh cidade dos ciganos!
Quem te viu e não te lembra?
Cidade de dor e almíscar,
com as torres de canela.

*

   Quando a noite era chegada,
noite que noite noiteira,
os ciganos nas fornalhas
já forjavam sóis e flechas.
Um cavalo malferido
chamava a toda porteira.
Galos de vidro cantavam
por Jerez de la Frontera.
O vento volta desnudo
pela esquina da surpresa,
na noite de prata-noite
noite, que noite noiteira.

*

    La Virgen y San José,
perdieron sus castañuelas,
y buscan a los gitanos
para ver si las encuentran.
La Virgen viene vestida
con un traje de alcaldesa
de papel de chocolate
con los collares de almendras.
San José mueve los brazos
bajo una capa de seda.
Detrás va Pedro Domecq
con tres sultanes de Persia.
La media luna soñaba
un éxtasis de cigüeña.
Estandartes y faroles
invaden las azoteas.
Por los espejos sollozan
bailarinas sin caderas.
Agua y sombra, sombra y agua
por Jerez de la Frontera.

*

    ¡Oh ciudad de los gitanos!
En las esquinas banderas.
Apaga tus verdes luces
que viene la benemérita.
¡Oh ciudad de los gitanos!
¿Quién te vio y no te recuerda?
Dejadla lejos del mar,
sin peines para sus crenchas.

*

   A Virgem e São José
as castanholas perderam
e procuram os ciganos
para ver se as desvelam.
A Virgem chega vestida
com um traje de alcaidessa
de papel de chocolate
com os colares de amêndoas.
São José move seus braços
sob uma capa de seda.
Por trás vai Pedro Domecq
junto a três sultões da Pérsia.
Um êxtase de cegonha
meia-lua devaneia.
Estandartes e faróis
pelos terraços penetram.
Pelos espelhos soluçam
bailarinas sem cadeiras.
Água e sombra, sombra e água
por Jerez de la Frontera.

*

   Oh cidade dos ciganos!
Pelas esquinas bandeiras.
Apaga-te as verdes luzes
que aí vem a benemérita.
Oh cidade dos ciganos!
Quem te viu e não te lembra?
Deixai-a longe do mar,
sem pentes pras suas mechas.

*

Avanzan de dos en fondo
a la ciudad de la fiesta.
Un rumor de siemprevivas
invade las cartucheras.
Avanzan de dos en fondo.
Doble nocturno de tela.
El cielo, se les antoja,
una vitrina de espuelas.

*

La ciudad libre de miedo,
multiplicaba sus puertas.
Cuarenta guardias civiles
entran a saco por ellas.
Los relojes se pararon,
y el coñac de las botellas
se disfrazó de noviembre
para no infundir sospechas.
Un vuelo de gritos largos
se levantó en las veletas.
Los sables cortan las brisas
que los cascos atropellan.
Por las calles de penumbra
huyen las gitanas viejas
con los caballos dormidos
y las orzas de monedas.
Por las calles empinadas
suben las capas siniestras,
dejando atrás fugaces
remolinos de tijeras.

*

Avançam de dois em dois
para a cidade da festa.
Um rumor de sempre-vivas
invadindo as cartucheiras.
Avançam de dois em dois.
Duplo noturno de tela.
Uma vitrine de esporas
o céu bem a eles lembra.

*

Livre de medo a cidade
multiplicava as porteiras.
Quarenta guardas-civis
para o saque entram por elas.
Os relógios detiveram-se
e o conhaque das botelhas
disfarçou-se de novembro
para não gerar suspeitas.
Um voo de gritos longos
nos cata-ventos se elevam.
Os sabres cortam as brisas
que os cascos atropelam.
Pelas ruas de penumbra
fogem as ciganas velhas
com os cavalos dormidos
e as vasilhas de moedas.
Pelas ruas empinadas
capas sinistras se elevam,
deixando pra trás voragens
de tesouras, efêmeras.

En el portal de Belén
los gitanos se congregan.
San José, lleno de heridas,
amortaja a una doncella.
Tercos fusiles agudos
por toda la noche suenan.
La Virgen cura a los niños
con salivilla de estrella.
Pero la Guardia Civil
avanza sembrando hogueras,
donde joven y desnuda
la imaginación se quema.
Rosa la de los Camborios,
gime sentada en su puerta
con sus dos pechos cortados
puestos en una bandeja.
Y otras muchachas corrían
perseguidas por sus trenzas,
en un aire donde estallan
rosas de pólvora negra.
Cuando todos los tejados
eran surcos en la tierra,
el alba meció sus hombros
en largo perfil de piedra.

No pórtico de Belém
os ciganos se congregam.
São José, cheio de chagas,
amortalha uma donzela.
Teimosos fuzis agudos
pela noite reverberam.
A Virgem cura os meninos
com salivinha de estrela.
Porém a Guarda Civil
marcha semeando fogueiras,
onde jovem e desnuda
a imaginação se queima.
Rosa, a dos Cambórios, geme
sentada em sua soleira
com seus dois peitos cortados
dispostos numa bandeja.
E outras garotas corriam
perseguidas pelas mechas,
em um ar onde se explodem
rosas de pólvora negra.
Quando todos os telhados
eram já sulcos na terra,
a aurora moveu seus ombros
em longo perfil de pedra.

¡Oh ciudad de los gitanos!
La Guardia Civil se aleja
por un túnel de silencio
mientras las llamas te cercan.

¡Oh ciudad de los gitanos!
¿Quién te vio y no te recuerda?
Que te busquen en mi frente.
Juego de luna y arena.

*

    Oh cidade dos ciganos!
Guarda Civil desachega
por um túnel de silêncio
enquanto as chamas te cercam.

    Oh cidade dos ciganos!
Quem te viu e não te lembra?
Que em minha frente te busquem.
Jogo de lua e de areia.

TRES ROMANCES HISTÓRICOS

16. MARTIRIO DE SANTA OLALLA
A Rafael Martínez Nadal

I

Panorama de Mérida

Por la calle brinca y corre
caballo de larga cola,
mientras juegan o dormitan
viejos soldados de Roma.
Medio monte de Minervas
abre sus brazos sin hojas.
Agua en vilo redoraba
las aristas de las rocas.
Noche de torsos yacentes
y estrellas de nariz rota,
aguarda grietas del alba
para derrumbarse toda.
De cuando en cuando sonaban
blasfemias de cresta roja.
Al gemir, la santa niña
quiebra el cristal de las copas.
La rueda afila cuchillos
y garfios de aguda comba:
Brama el toro de los yunques,

TRÊS ROMANCES HISTÓRICOS

16. MARTÍRIO DE SANTA EULÁLIA
A Rafael Martínez Nadal

I

Panorama de Mérida

Pela rua brinca e corre
cavalo de cauda longa,
enquanto jogam ou dormem
velhos soldados de Roma.
Meio monte de Minervas
abre seus braços sem folhas.
Água no ar redourava
as saliências das rochas.
Noite de torsos jacentes
e estrelas de nariz rotas,
aguarda gretas da aurora
para derrubar-se toda.
De quando em quando soavam
blasfêmias de rubra poupa.
Ao gemer, quebra o cristal
dos copos a santa moça.
Garfos de aguda curva
e facas afia a roda:
Brama o touro das bigornas,

y Mérida se corona
de nardos casi despiertos
y tallos de zarzamora.

II

El martirio

Flora desnuda se sube
por escalerillas de agua.
El Cónsul pide bandeja
para los senos de Olalla.
Un chorro de venas verdes
le brota de la garganta.
Su sexo tiembla enredado
como un pájaro en las zarzas.
Por el suelo, ya sin norma,
brincan sus manos cortadas
que aun pueden cruzarse en tenue
oración decapitada.
Por los rojos agujeros
donde sus pechos estaban
se ven cielos diminutos
y arroyos de leche blanca.
Mil arbolillos de sangre
le cubren toda la espalda
y oponen húmedos troncos
al bisturí de las llamas.
Centuriones amarillos
de carne gris, desvelada,
llegan al cielo sonando
sus armaduras de plata.
Y mientras vibra confusa
pasión de crines y espadas,

e Mérida se coroa
de nardos quase despertos
e talos de pés de amora.

II

O martírio

Ascende Flora desnuda
por escadazinhas de água.
O Cônsul pede bandeja
para os seios de Eulália.
Um jorro de veias verdes
brota de sua garganta.
Seu sexo treme enredado
como um pássaro nas sarças.
Pelo solo, já sem norma,
brincam suas mãos cortadas
que podem cruzar-se em tênue
oração decapitada.
Pelos vermelhos buracos
onde seus peitos estavam
veem-se céus diminutos
e leite branco em valas.
Mil arvoretas de sangue
cobrem toda a sua espalda
e opõem úmidos troncos
contra o bisturi das chamas.
Centuriões amarelos
de carne gris, desvelada,
chegam ao céu ressoando
as armaduras de prata.
E enquanto vibra confusa
paixão de crinas e espadas,

el Cónsul porta en bandeja
senos ahumados de Olalla.

III

Infierno y gloria

Nieve ondulada reposa.
Olalla pende del árbol.
Su desnudo de carbón
tizna los aires helados.
Noche tirante reluce.
Olalla muerta en el árbol.
Tinteros de las ciudades
vuelcan la tinta despacio.
Negros maniquíes de sastre
cubren la nieve del campo,
en largas filas que gimen
su silencio mutilado.
Nieve partida comienza.
Olalla blanca en el árbol.
Escuadras de níquel juntan
los picos en su costado.

*

Una Custodia reluce
sobre los cielos quemados,
entre gargantas de arroyo
y ruiseñores en ramos.
¡Saltan vidrios de colores!
Olalla blanca en lo blanco.
Ángeles y serafines
dicen: Santo, Santo, Santo.

o Cônsul porta em bandeja
mamas de Eulália enfumadas.

III

Inferno e glória

Neve ondulada repousa.
Eulália pende do galho.
Sua nudez de carvão
preteja os ares gelados.
Noite esticada reluz.
Eulália morta no galho.
Verte tinta devagar
todo tinteiro urbano.
Negros manequins de sastre
cobrem a neve do campo,
em longas filas que gemem
seu silêncio mutilado.
Neve partida começa.
Eulália branca no galho.
Esquadros de níquel juntam
os picos em seu costado.

*

Uma Custódia reluz
sobre os espaços queimados,
entre gargantas de arroio
e rouxinóis pelos galhos.
Saltam vidros coloridos!
Eulália branca no branco.
Os anjos e serafins
dizem: Santo, Santo, Santo.

17. BURLA DE DON PEDRO A CABALLO
ROMANCE CON LAGUNAS

A Jean Cassou

Romance de Don Pedro a caballo

Por una vereda
venía Don Pedro.
¡Ay cómo lloraba
el caballero!
Montado en un ágil
caballo sin freno,
venía en la busca
del pan y del beso.
Todas las ventanas
preguntan al viento,
por el llanto oscuro
del caballero.

17. BURLA DE DOM PEDRO A CAVALO
ROMANCE COM LAGUNAS

A Jean Cassou

Romance de Dom Pedro a cavalo

Por uma vereda
chegava Dom Pedro.
Ai, como chorava
o cavaleiro!
Montado em um ágil
cavalo sem freio,
vinha ele na busca
do pão e do beijo.
Todas as janelas
perguntam ao vento,
pelo pranto escuro
do cavaleiro.

Bajo el agua
siguen las palabras.
Sobre el agua
una luna redonda
se baña,
dando envidia a la otra
¡tan alta!
En la orilla,
un niño,
ve las lunas y dice:
—¡Noche; toca los platillos!

Sigue

A una ciudad lejana
ha llegado Don Pedro.
Una ciudad de oro
entre un bosque de cedros.
¿Es Belén? Por el aire
yerbaluisa y romero.
Brillan las azoteas
y las nubes. Don Pedro
pasa por arcos rotos.
Dos mujeres y un viejo
con velones de plata
le salen al encuentro.
Los chopos dicen: No.
Y el ruiseñor: Veremos.

Primeira laguna

 Sob a água
seguem as palavras.
Sobre a água
uma lua redonda
se banha,
dando inveja à outra
tão alta!
Na margem
um menino
vê as luas e diz:
— Noite! percute os teus címbalos!

Segue

 Chegou a uma cidade
afastada Dom Pedro.
Uma cidade de ouro
entre um bosque de cedros.
É Belém? Erva-luísa
e alecrim pelo vento.
Resplendem os terraços
e as nuvens. Dom Pedro
passa em arcos partidos.
Duas donas e um velho
com lampiões de prata
vão para recebê-lo.
Os choupos dizem: Não.
E o rouxinol: Veremos.

Bajo el agua
siguen las palabras.
Sobre el peinado del agua
un círculo de pájaros y llamas.
Y por los cañaverales,
testigos que conocen lo que falta.
Sueño concreto y sin norte
de madera de guitarra.

Sigue

Por el camino llano
dos mujeres y un viejo
con velones de plata
van al cementerio.
Entre los azafranes
han encontrado muerto
el sombrío caballo
de Don Pedro.
Voz secreta de tarde
balaba por el cielo.
Unicornio de ausencia
rompe en cristal su cuerno.
La gran ciudad lejana
está ardiendo
y un hombre va llorando
tierras adentro.
Al Norte hay una estrella.
Al Sur un marinero.

Segunda laguna

Sob a água
seguem as palavras.
Sobre o penteado d'água
um círculo de pássaros e chamas.
E pelos canaviais,
testemunhas que sabem o que falta.
Sonho concreto e sem norte
de madeira de guitarra.

Segue

Pelo caminho plano
duas donas e um velho
com lampiões de prata
vão ao cemitério.
Por entre os açafrões
morto foi descoberto
o sombrio cavalo
de Dom Pedro.
Voz secreta de tarde
soava no firmamento.
Unicórnio de ausência
quebra em vidro o chavelho.
A grã-cidade ao longe
está ardendo
e um homem vai chorando
terras adentro.
Ao Norte há uma estrela.
Ao Sul um marinheiro.

Bajo el agua
están las palabras.
Limo de voces perdidas.
Sobre la flor enfriada,
está Don Pedro olvidado,
¡ay!, jugando con las ranas.

Última laguna

Sob a água
estão as palavras.
Limo de vozes perdidas.
Sobre a flor resfriada,
está Dom Pedro esquecido,
ai!, com as rãs na folgança.

18. THAMAR Y AMNÓN

Para Alfonso García-Valdecasas

La luna gira en el cielo
sobre las tierras sin agua
mientras el verano siembra
rumores de tigre y llama.
Por encima de los techos
nervios de metal sonaban.
Aire rizado venía
con los balidos de lana.
La tierra se ofrece llena
de heridas cicatrizadas,
o estremecida de agudos
cauterios de luces blancas.

18. TAMAR E AMNON
Para Alfonso García-Valdecasas

A lua gira no céu
por sobre as terras sem água
enquanto o verão semeia
rumores de tigre e chama.
E por cima dos telhados
nervos de metal soavam.
Com os balidos de lã
ar eriçado chegava.
A terra se oferta cheia
de chagas cicatrizadas,
ou abalada de agudos
cautérios de luzes brancas.

Thamar estaba soñando
pájaros en su garganta
al son de panderos fríos
y cítaras enlunadas.
Su desnudo en el alero,
agudo norte de palma,
pide copos a su vientre
y granizo a sus espaldas.
Thamar estaba cantando
desnuda por la terraza.
Alrededor de sus pies,
cinco palomas heladas.
Amnón, delgado y concreto,
en la torre la miraba,
llenas las ingles de espuma
y oscilaciones la barba.
Su desnudo iluminado
se tendía en la terraza,
con un rumor entre dientes
de flecha recién clavada.
Amnón estaba mirando
la luna redonda y baja,
y vio en la luna los pechos
durísimos de su hermana.

*

 Tamar estava sonhando
com pássaros na garganta
ao som de pandeiros frios
e cítaras enluaradas.
A sua nudez no alpendre,
agudo norte de palma,
pede flocos a seu ventre
e granizo a sua espádua.
Tamar desnuda cantando
em sua varanda estava.
Em derredor de seus pés,
cinco pombinhas geladas.
Amnon, delgado e concreto,
da alta torre a contemplava,
cheias de espuma as virilhas
e de oscilações a barba.
Sua nudez luminosa
no terraço se esticava,
com um rumor entre dentes
de flecha recém-cravada.
Amnon estava fitando
a lua redonda e baixa,
e na lua os peitos firmes
de sua irmã avistava.

Amnón a las tres y media
se tendió sobre la cama.
Toda la alcoba sufría
con sus ojos llenos de alas.
La luz, maciza, sepulta
pueblos en la arena parda,
o descubre transitorio
coral de rosas y dalias.
Linfa de pozo oprimida
brota silencio en las jarras.
En el musgo de los troncos
la cobra tendida canta.
Amnón gime por la tela
fresquísima de la cama.
Yedra del escalofrío
cubre su carne quemada.
Thamar entró silenciosa
en la alcoba silenciada,
color de vena y Danubio,
turbia de huellas lejanas.
Thamar, bórrame los ojos
con tu fija madrugada.
Mis hilos de sangre tejen
volantes sobre tu falda.
Déjame tranquila, hermano.
Son tus besos en mi espalda
avispas y vientecillos
en doble enjambre de flautas.
Thamar, en tus pechos altos
hay dos peces que me llaman,
y en las yemas de tus dedos
rumor de rosa encerrada.

*

   Às três e meia Amnon
estendeu-se sobre a cama.
A alcova toda sofria
com seus olhos cheios de asas.
A luz, maciça, sepulta
aldeias na areia parda,
ou descobre transitório
coral de rosas e dálias.
Linfa de poço oprimida
brota silêncio nas jarras.
Por sobre o musgo dos troncos
a cobra estendida canta.
Amnon geme pelo pano
tão fresco de sua cama.
A hera do calafrio
cobre-lhe a carne queimada.
Tamar entrou silenciosa
na alcova silenciada,
cor de veia e de Danúbio,
turva de distantes marcas.
Tamar, apaga os meus olhos
com tua imota alvorada.
Os meus fios de sangue tecem
babados em tua saia.
Deixa-me tranquila, irmão.
Teus beijos em minha espalda
são vespas e ventozinhos
em duplo enxame de flautas.
Tamar, em teus peitos altos
há dois peixes que me chamam,
e nas pontas dos teus dedos
rumor de rosa fechada.

*

   Los cien caballos del rey
en el patio relinchaban.
Sol en cubos resistía
la delgadez de la parra.
Ya la coge del cabello,
ya la camisa le rasga.
Corales tibios dibujan
arroyos en rubio mapa.

*

   ¡Oh, qué gritos se sentían
por encima de las casas!
Qué espesura de puñales
y túnicas desgarradas.
Por las escaleras tristes
esclavos suben y bajan.
Émbolos y muslos juegan
bajo las nubes paradas.
Alrededor de Thamar
gritan vírgenes gitanas
y otras recogen las gotas
de su flor martirizada.
Paños blancos enrojecen
en las alcobas cerradas.
Rumores de tibia aurora
pámpanos y peces cambian.

*

 Os cem cavalos do rei
pelo pátio relinchavam.
Sol em cubos resistia
a delgadeza da parra.
Já pelo cabelo a puxa,
a camisa já lhe rasga.
Corais tépidos desenham
arroios em louro mapa

*

 Oh, que gritos se escutavam
de lá de cima das casas!
Que espessura de punhais
e de túnicas rasgadas.
Pelas escadas tristonhas
escravos sobem e baixam.
Êmbolos e coxas brincam
por sob as nuvens paradas.
Ao derredor de Tamar
gritam as virgens ciganas
e outras recolhem as gotas
de sua flor supliciada.
Panos brancos avermelham
dentro de alcovas fechadas.
Pâmpanos e peixes trocam
rumores de tépida alva.

Violador enfurecido,
Amnón huye con su jaca.
Negros le dirigen flechas
en los muros y atalayas.
Y cuando los cuatro cascos
eran cuatro resonancias,
David con unas tijeras
cortó las cuerdas del arpa.

*

   Violador enfurecido,
com sua égua Amnon debanda.
Negros lhe dirigem flechas
desde os muros e atalaias.
E quando os quatro cascos
eram quatro ressonâncias,
Davi com suas tesouras
cortou as cordas da harpa.

APÊNDICE

NOTAS

1. *Romance de la luna, luna* (Romance da lua, lua)
Poema que abre o livro, narra a história de um menino que, durante a ausência dos pais, é seduzido pela lua e acaba encontrando a morte numa forja. O simbolismo aqui presente é o da lua associada à morte.

Na primeira estrofe o menino e a lua travam um diálogo, embora suas falas não sejam introduzidas por *verba dicendi* nem recursos gráficos que as destaquem. A fala do menino está nos v. 9–12 e 17–18 e as da lua, nos v. 13–16 e 19–20. Esse tratamento dos diálogos permeia diversos poemas do livro.

Zumaya (v. 29, no original) é um pássaro noturno, de asas longas e pernas curtas, em português denominado bacurau ou noitibó e também curiango.

2. *Preciosa y el aire* (Preciosa e o ar) Trata de uma jovem cigana que, acossada pelo vento, personagem antropomorfo, consegue escapar às pressas. O vento aqui simboliza o desejo erótico masculino. Os ingleses, que aparecem associados à Guarda Civil, inimiga dos ciganos, representam o mundo moderno, que olha com ceticismo o mundo mítico dos ciganos. O poema remete a certa crença popular, difundida também entre os ciganos, de que um forte vento poderia engravidar as mulheres.

Glorieta (v. 15, no original) tem, segundo o Diccionario de la Real Academia Española, duas acepções: (i) praça, cruzamento de alamedas, e (ii) espaço, geralmente redondo, que costuma haver em jardins, cercado de plantas trepadeiras, parreiras ou árvores. A segunda acepção, traduzível como gazebo em português, parece mais adequada ao contexto bucólico do poema.

O poema grafa *San Cristobalón* (v. 21, no original), que é a maneira como os cordoveses tradicionalmente se referem a San Cristóbal, ou São Cristóvão em português.

3. *Reyerta* (Rixa) Retrata a violência entre os próprios ciganos, ao ilustrar uma rixa que resulta em um morto.

As navalhas de Albacete (v. 2 e 16) são famosas devido à tradição *cuchillera* dessa localidade, enraizada na ancestral cultura mourisca da região. "Granada en las sienes" (v. 20 do original), ou "romã nas têmporas", designa o ferimento mortal de Juan Antonio. A referência a romanos e cartagineses (v. 29–30) representa os conflitos milenares de que a Andaluzia é palco desde pelo menos as Guerras Púnicas.

Esse poema foi musicado por Manolo García com o título de *Navajas de Albacete*.

4. *Romance Sonámbulo* (Romance sonâmbulo) Narra a trágica espera de uma cigana por seu amado, no alto de uma sacada, e quando este retorna, gravemente ferido, ela já havia morrido de desespero, afogando-se na água de uma cisterna.

O diálogo travado na segunda estrofe, em que o "mocinho" propõe trocar elementos de sua realidade juvenil (cavalo, arreio, faca, vir sangrando dos portos de Cabra) por elementos da realidade adulta do compadre (casa, espelho, manta), simboliza o desejo de transição do jovem cavaleiro, que ao que parece se dedica ao contrabando, para uma vida mais sedentária. Pode-se deduzir que o compadre é o pai da cigana.

Há uma variação na forma de tratamento do rapaz em relação ao compadre: pronome de tratamento *Usted* (verbo na 3ª pessoa do singular) em "Compadre, quiero cambiar / mi caballo por su casa" (v. 25-26, no original); pronome pessoal *tú* (verbo na 2ª do singular) em "¿No ves la herida que tengo / desde el pecho a la garganta?" (v. 39-40 do original, sendo que na edição de Josephs/Caballero o verbo foi corrigido por "veis", na 2ª do plural); pronome de tratamento *vos* (verbo na 2ª do plural) em "Dejadme subir al menos / hasta las altas barandas" (v. 47-48 do original); e novamente *tú* em "dime" e "tu niña" (v. 67-68, no original). Esse recurso pode indicar uma progressiva aproximação entre os dois interlocutores, da formalidade para a informalidade, sendo que o mais velho o tempo todo tratara o outro por *tú*. O ponto culminante desse processo estaria em "A noite tornou-se íntima / como uma pequena praça" (v. 79-80, na tradução), quando a dor em comum por fim os aproxima de vez.

Em diversas passagens o poema emprega a palavra *baranda*, termo que designa o conjunto de parapeito e os balaústres que o sustentam, feito de madeira ou ferro, normalmente usado em sacadas e corrimões de escada. Por falta de melhor opção em português, recorremos à metonímia para traduzir *baranda* como sacada.

Outra palavra que se repete ao longo do poema é *pelo*, que em português significa tanto pelo quanto cabelo. Optamos por traduzi-la como fios, buscando um denominador comum entre as duas acepções.

Barandal (v. 51, no original) pode significar tanto parapeito quanto corrimão. *Carámbano* (v. 77, no original), traduzível como sincelo em português, é um pedaço de gelo, longo e pontiagudo, suspenso de árvores ou telhados, resultante do congelamento da água da chuva ou da neblina. Carambano, que significa bola de neve em português, seria um falso cognato, ou "falso amigo" como se costuma dizer. Já carambina, outra tradução aproximada, é a neve congelada em flocos pendente de árvores e penhascos no inverno.

5. *La Monja Gitana* (A freira cigana)   Funde duas temáticas tradicionais do cancioneiro popular europeu e do ibérico em particular: (i) a freira dividida entre a fé e o mundo, entre a fidelidade a Deus e o anseio de liberdade, e (ii) a moça que borda e, enquanto isso, fantasia aventuras amorosas.

Mirto (v. 1): arbusto mediterrâneo com que se fazem as cercas vivas. *Alhelíes* (v. 3, no original), alelis em português: planta ornamental de flor rubra raiada de amarelo ou branco. *Pajiza* (v. 4 e 10) é um dialetismo e significa cor de palha ou, no caso, amarelo.

Em "la luz juega el ajedrez / alto de la celosía" (v. 35-36, no original), vislumbra-se, por meio da metáfora da luz atravessando as grades cruzadas da janela, a condição de prisioneira da freira no convento.

6. *La casada infiel* (A casada infiel)   Um dos mais famosos poemas do livro, de um erotismo ao mesmo tempo rústico e delicado, narra em primeira pessoa a aventura amorosa entre um cigano e uma mulher casada, que ele a princípio pensava ser virgem.

Os versos iniciais ("Y que yo me la llevé al río / creyendo que era mozuela, / pero tenía marido") seriam procedentes de uma copla popular que o autor teria ouvido de um criador de mulas em Sierra Nevada (Cf. García-Posada, 1988, p. 136). Isso explica a rima iniciada no primeiro verso, em contraste com outros poemas do livro, em que a rima quase sempre começa no segundo verso. A partir da 3ª edição do livro, feita em Buenos

Aires, esses três versos passaram a constituir uma estrofe à parte. Adotamos aqui a disposição da primeira edição.

Analisando a métrica do primeiro verso, observamos a ocorrência de duas sinalefas abruptas, forçadas, de todo inusuais na versificação lorquiana: "Y / que yo / me / la / lle / vé al / rí / o". Na tradução, dentre as inúmeras soluções possíveis, optamos por uma que reproduz essa característica do original: "E eu / que a / le / vei / a / té o / ri / o".

Mozuela (v. 2 e 54, no original), donzela em português, é um típico dialetismo granadino. No dia de Santiago (v. 4), a 25 de julho, são celebradas festas populares na Andaluzia. O compromisso de "y casi por compromiso" (v. 5 do original) deve ser entendido não como uma promessa de casamento, mas sim como uma obrigação de corresponder ao assédio da moça, visto que não levá-la ao rio equivaleria a perder a plenitude da virilidade, de acordo com a psique espanhola da época, em especial da do homem gitano. As dez facas que rasgam a peça de seda (v. 15) remetem aos dez dedos das mãos. *Corpiño* (v. 27 do original), corpete em português, foi aqui traduzido por um seu sinônimo menos corrente, corpinho.

Em "La regalé un costurero / grande, de raso pajizo" (v. 50–51, no original), *raso pajizo* pode significar tanto raso palhiço, palha trançada de pouca profundidade, quanto cetim cor de palha, material que não nos parece muito adequado a um cesto de costura.

7. *Romance de la pena negra* (Romance da pena negra)

Ilustra todo o sentimento trágico que permeia a vida dos ciganos.

Segundo a narrativa, simples porém intensa, repleta de imagens lúgubres e sugestivas, a personagem Soledad Montoya desce um morro, na penumbra da noite, totalmente desacompanhada, amargurada pelas mágoas que carrega.

O título do poema remete à expressão espanhola *pasar la pena negra*, que significa padecer grave aflição física ou moral, embora não haja definição melhor para *pena negra* do que a forma como Soledad Montoya nos transmite o seu significado. Esse sentimento, que estaria na raiz do povo andaluz, segundo o próprio García Lorca seria "uma ânsia sem objeto, um amor agudo a nada, com uma segurança de que a morte está respirando atrás da porta".

8. *San Miguel* (São Miguel)   São Miguel Arcanjo, líder dos exércitos celestiais, neste poema representa a cidade de Granada, na Andaluzia. A descrição que dele se faz (cheio de rendas, mostrando as belas coxas cingidas por lampiões, com as anáguas repletas de espelhinhos) corresponde à imagem que se encontra na Ermita de San Miguel el Alto, em Granada.

Barandas (v. 1 do original) aqui se traduziu como sacadas, conforme se esclarece na nota ao poema *Romance sonâmbulo*.

No excerto "San Miguel, rey de los globos / y de los números nones" (última estrofe do original), a palavra *nones*, plural de *non*, significa ímpares. O termo vem da antiga expressão *non par*. É obscura a associação entre São Miguel e os números ímpares aí referida.

9. *San Rafael* (São Rafael)   São Rafael Arcanjo, o enviado de Deus para curar em Seu nome, aqui representa a cidade de Córdoba, na Andaluzia.

Coches em espanhol neste poema corresponde exatamente a coches em português: carruagens antigas e suntuosas.

10. *San Gabriel* (São Gabriel) Mostra a Anunciação vista sob uma ótica cigana.

Encarregado de levar à Virgem a notícia de que será mãe de Jesus, São Gabriel Arcanjo, neste poema associado à cidade andaluza de Sevilha e a toda a virilidade donjuanesca que a cerca, é descrito nos primeiro versos como um cigano típico.

Em "domador de palomillas / y enemigo de los sauces" (v. 21-22, no original), as pombazinhas, num diminutivo característico da fala sevilhana, são uma metáfora da própria Virgem, enquanto que os salgueiros (*sauces*) remetem à forma encurvada, em oposição à postura ereta de São Gabriel — "menino de junco", na imagem do primeiro verso.

Num apelo do eu lírico à gratidão de São Gabriel para com os ciganos, os versos finais da primeira estrofe ("Não esqueças que os ciganos / te presentearam o traje", na tradução) aludem ao costume popular de se brindar com roupas as imagens sagradas.

Com "Anunciación de los Reyes" (v. 27, no original), o poema joga com o sobrenome "de los Reyes", bastante comum entre os gitanos, e a ideia de que a criança a nascer será o rei dos reis.

Giralda (v. 33) é o nome do campanário da Catedral de Santa María em Sevilha, que já foi a torre mais alta da Espanha.

11. *Prendimiento de Antoñito el Camborio en el camino de Sevilla* (Prisão de Antoninho, o Cambório, no caminho de Sevilha) Narra a detenção arbitrária de Antoñito El Camborio, realizada pela Guarda Civil Espanhola, por roubar limões quando se dirigia a Sevilha, na noite de Natal, para participar de uma corrida de touros. Apesar de sua beleza e qualidades inatas de cigano, o Cambório

NOTAS

é criticado no poema devido à covardia de se haver deixado prender por cinco guardas-civis sem mostrar reação. No fim, os guardas comemoram a prisão bebendo justamente limonada.

Em "dando una larga torera / sobre el mar y los arroyos" (v. 19-20, no original), faz-se referência ao gesto que o toureiro realiza com a capa para deter ou ofuscar o touro — o *capotazo* —, touro este substituído pelo mar e os arroios.

Noite de Capricórnio (v. 22) é a noite de Natal.

Os membros da Guarda Civil Espanhola são chamados de tricórnios (v. 28) em virtude do chapéu de três bicos de seu fardamento.

Este poema e o seguinte foram musicados pelo próprio Federico García Lorca.

12. *Muerte de Antoñito el Camborio* (Morte de Antoninho, o Cambório)   Antoñito El Camborio, personagem valente e elegante, arquétipo do povo cigano, é covardemente atacado, vítima da inveja de seus quatro primos, e, apesar de sua grande resistência e agilidade ("dava saltos / ensaboados de delfim") em fazer face aos atacantes ("Cravou sobre suas botas / mordidas de javali", "Banhou com sangue inimigo / a gravata carmesim"), acaba por sucumbir à investida.

Este é o único poema do *Romancero gitano* com rimas masculinas ou oxítonas, cujo ritmo, quando da leitura sequencial dos poemas, claramente se sobressai no conjunto. A sonoridade bem marcada e diferenciada acentua a indignação ante a morte do Cambório transmitida pelo poema.

No excerto "las estrellas clavan / rejones al agua gris" (v. 13-14, no original), *rejón* é uma haste de madeira usada no toureio a cavalo: as estrelas jogam raios como lanças contra a água. Verônica (v. 16, na tradução) é a capa, usualmente vermelha, com que o toureiro distrai ou provoca o touro. Benamejí (v. 26 e 50) é um município da província de Córdoba, na Andaluzia.

O nome *Heredia* se pronuncia como paroxítona terminada em ditongo, em espanhol. Mesmo considerando não recomendável a tradução de nomes próprios no presente caso, cogitamos adaptar ao português a grafia de *Antonio Torres Heredia* (v. 19, no original), para "Antônio Torres Herédia", incluindo dois diacríticos, de modo a não deixar dúvidas quanto a sua pronúncia e justificar a métrica de alguns versos. No entanto achamos por bem manter a grafia original, mesmo porque há no poema outros nomes próprios cuja adaptação gráfica seria desnecessária, e tão-somente acrescentar o presente esclarecimento em forma de nota.

"Camborio de dura crin" (v. 20, no original), que constitui um aposto de Antonio Torres Heredia, significa literalmente "Cambório de dura crina", o que identifica o personagem como um autêntico, legítimo Cambório e o associa a um cavalo para simbolizar sua energia indômita e virilidade. A presente tradução do verso, "Cambório equino e bravio", procurou preservar, para além da rima oxítona de base *i*, a metáfora da animalização do personagem.

Curiosamente o próprio autor se coloca como personagem do poema, numa petição de justiça: "¡Ay Federico García, / llama a la Guardia Civil!" (v. 37–38, no original). Tal procedimento sugere a veracidade dos fatos narrados.

13. *Muerto de amor* **(Morto de amor)** Com uma narrativa hermética, o poema evoca a morte de um jovem em virtude de um amor frustrado. O personagem pede a sua mãe que dê notícias de sua morte por meio de telegramas.

NOTAS

Aqui novamente a lua aparece associada à morte: "Alho de agônica prata / a lua minguante, põe / cabeleiras amarelas / sobre as amarelas torres" (v. 9-12, na tradução).

Nas duas primeiras estrofes os verbos estão no presente e na terceira, no pretérito imperfeito.

Em "siete adormideras dobles" (v. 44, no original), as *adormideras*, que têm esse nome porque suas flores se fecham à noite ou ao serem tocadas, correspondem em português às papoulas-dormideiras ou simplesmente dormideiras, flores de odor forte e desagradável, enquanto que o termo *doble* descreve a variedade de flores que apresenta um número extra de pétalas, característica que recebe a notação científica de *flore pleno*, tal como empregado na tradução.

Em "Repleto de mãos cortadas / e coroazinhas de flores" (v. 47-48, na tradução), alude-se ao costume de se pendurar partes de bonecas e flores em igrejas a título de ex-voto por uma graça alcançada, como a cura de uma mão incapacitada, por exemplo.

14. ***Romance del emplazado*** **(Romance do emprazado)** Mostra a obsessão de um personagem com uma predição de que morreria dentro de dois meses, daí a sua qualidade de "emprazado", ou seja, alguém vaticinado a morrer. No fim, a predição de morte acaba se confirmando.

Na primeira estrofe, com número ímpar de versos, a rima, que em outros poemas começa no segundo verso (exceto no poema 6), desta vez se inicia logo no primeiro.

A cartomancia, arte associada à tradição cigana, aparece no fecho da primeira estrofe: "onde o meu corpo sem veias / consulta naipes gelados".

15. ***Romance de la Guardia Civil Española*** **(Romance da Guarda Civil Espanhola)** Ilustra o ataque de um povoado cigano pela Guarda Civil Espanhola, que, aproveitando-se de um momento de distração dos ciganos durante uma festividade religiosa, adentra sorrateiramente o povoado para matar e destruir tudo o que encontre. A Guarda Civil aqui representa o conjunto das forças misteriosas e terrenas que ameaçam a vida e a cultura ciganas, em particular, e o mundo mítico-andaluz, de maneira geral.

No verso "noche que noche nochera" (v. 36, no original), a palavra *nochero* designa vigia, guarda noturno, em espanhol. Já noiteiro, em português, segundo o Dicionário Houaiss, é o "indivíduo que contribuiu, com dinheiro ou outra coisa, para o brilho das noites de novena durante as festas da igreja". Na tradução do verso, "noite que noite noiteira", optamos por empregar a palavra noiteiro com vistas a preservar a sonoridade, mesmo sabendo que se trata de um falso cognato.

16. *Martirio de Santa Olalla* (Martírio de Santa Eulália)

Relata a perseguição, tortura e execução de Santa Eulália levada a cabo pelos romanos.

Segundo o hagiológio tradicional, Santa Eulália foi presa, quando contava entre catorze e dezesseis anos de idade, durante as perseguições aos cristãos empreendidas pelo imperador Diocleciano. Instada a abjurar sua fé e tendo se negado a tanto, foi torturada e queimada viva, no ano de 304, em Mérida. Discute-se se Santa Eulália de Mérida e Santa Eulália de Barcelona teriam sido a mesma pessoa, embora a Igreja tenha julgado por bem distingui-las e atribuir-lhes festas litúrgicas distintas.

O poema reproduz com fidelidade os fatos registrados por Prudêncio, poeta latino do século IV, em um hino em homenagem à santa, o mesmo hino que serve de inspiração ao primeiro registro escrito da língua francesa. A amputação dos seios de Santa Eulália, relatada tanto por

Prudêncio quanto por García Lorca, foi na verdade infligida a Santa Águeda de Catânia.

Há um paralelo evidente entre o mundo paleocristão retratado no poema, com as perseguições empreendidas pelos legionários romanos aos cristãos, de que Santa Eulália é representante, e a realidade dos gitanos, acossados pela Guarda Civil Espanhola.

Curiosamente o verso "Negros maniquíes de sastre" (v. 59, no original) tem uma sílaba sobrando, motivo pelo qual alguns críticos sugerem a grafia *maniquís*.

17. *Burla de Don Pedro a caballo* (**Burla de Dom Pedro a cavalo**)   Trata do esquecimento e da solidão, representados pelo desaparecimento não notado de um cavaleiro. A fusão entre fantasia e realidade torna a narrativa imprecisa, numa atmosfera de sonho, luar, sombras e olhar sob a água. No final, a morte do cavaleiro é tratada de maneira quase tragicômica, como um fato menos importante que a morte de seu cavalo.

De todos os poemas do *Romancero gitano* é este o único que não se enquadra formalmente na estrutura típica do romance, apesar de assim qualificado pelo autor ao incluí-lo no tríptico *Tres romances históricos* e ter-lhe dado o subtítulo *Romance con lagunas*. Isso porque o poema não segue o padrão de versos isossilábicos e a estrutura de rima regular e toante que caracterizam a forma poética do romance e que todos os demais poemas da obra seguem diligentemente.

Além disso é o único poema da trinca de romances históricos a não narrar um incidente plenamente identificável, motivo pelo qual já suscitou diversas análises por parte da crítica literária. Já se identificou esse Dom Pedro, personagem enigmático e protótipo do herói medieval, com diversos homônimos históricos, como São Pedro apóstolo, Pedro I de Castela o Cruel, o poeta espanhol seiscentista Pedro Soto de Rojas, entre outros. Também já se o associou ao refrão de uma antiga cantiga espanhola (Glasser, 1964, p. 295):

> Esta noche le mataron,
> al caballero,
> la gala de Medina,
> la flor de Olmedo.

Burla de Don Pedro a caballo provavelmente integraria um projeto que o autor abandonou, que seria formado por poemas com estrelas, montanhas, céus e lagunas, e acabou por aproveitá-lo no *Romancero gitano*. Em seus manuscritos está datado com dupla indicação: "1921–1927".

No verso "—¡Noche; toca los platillos!" (v. 23, no original), a palavra *platillos* refere-se ao instrumento de percussão formado por dois discos de metal, que em português se denomina prato ou címbalo. A tradução, "— Noite! percute os teus címbalos!", tem a virtude de preservar a rima toante de base *i-o* do original.

18. *Thamar y Amnón* (Tamar e Amnon) Baseia-se numa narrativa bíblica que trata do incesto entre dois irmãos. Os nomes dos dois personagens do poema em espanhol, Thamar e Amnón, foram adaptados na tradução para a grafia tradicional em língua portuguesa dos nomes dos dois personagens bíblicos que inspiram a composição, Tamar e Amnon.

Segundo o Antigo Testamento (II Samuel 13, 1–29), Amnon, que há muito desejava Tamar, sua virgem irmã, fingiu-se de doente para que ela pudesse cuidar-lhe com a autorização do rei Davi, pai de ambos. Após Tamar preparar-lhe comida, Amnon forçou-a a deitar-se com ele e, consumado o ato, ordenou a um servo que a expulsasse de sua casa, fechando a porta atrás de si. Dois anos depois, Amnon foi morto por seu irmão Absalão em vingança desse ultraje.

O poema enxerta na narrativa bíblica a visão cigana, o que se evidencia em uma breve passagem: "Ao derredor de Tamar / gritam as virgens ciganas" (v. 85–86, na tradução), em que as damas de companhia da princesa recém-deflorada aparecem como jovens ciganas. O autor também oferece uma reinterpretação dos fatos, atribuindo a culpa e a iniciativa do incesto não a Amnon, mas a sua meia-irmã Tamar.

CRONOLOGIA
Vida e obra de Federico García Lorca

1898 Nasce em Fuente Vaqueros, um povoado próximo a Granada, na Andaluzia, Espanha. Filho mais velho de cinco irmãos, herdaria do pai, Federico García Rodríguez, um rico arrendatário de terras, o gosto pelos livros e a tradição liberal, e da mãe, Vicenta Lorca Romero, professora primária, a sensibilidade e o gosto pela música.

1915 Começa a cursar Direito e Filosofia e Letras na Universidade de Granada.

1917 Desse ano datam seus primeiros poemas e textos teatrais, marcados pela influência do modernismo hispânico.

1918 Publica seu primeiro livro, *Impresiones y paisajes*, obra em prosa que recolhe sua experiência de uma viagem pela Espanha, cuja publicação foi custeada por seu pai.

1919 Muda-se para Madri, onde viveria até 1928 na Residencia de Estudiantes, um importante centro de intercâmbio científico e artístico. Ali travaria amizade com outros jovens que viriam a se tornar personalidades marcantes da cultura e pessoas importantes em sua vida: o pintor catalão Salvador Dalí, o cineasta Luis Buñuel e o poeta Rafael Alberti.

CRONOLOGIA

1920 Estreia sua peça *El maleficio de la mariposa*, que se revela um fracasso de público.

1921 Publica seu primeira obra poética, *Libro de poemas*, um misto de romantismo e vanguarda. Compõe *Poema del cante jondo*, poemário que viria a ser publicado apenas em 1931, em que incorpora, sob influência do músico Manuel de Falla, valores estéticos e temáticas da canção popular andaluza. Dessa época data também o início da composição dos livros *Suites*, publicado somente em 1983, e *Canciones*, publicado em 1927, ambos fortemente apoiados na canção popular.

1923 Conclui o curso de Direito, em Granada.

1924 Começa a redigir os poemas que comporiam o *Romancero gitano*.

1925 Conclui a peça *Mariana Pineda*, que dramatiza a história real de uma heroína granadina executada em 1831 no contexto das lutas liberais.

1926 Publica *Oda a Salvador Dalí*, poema que exerceria grande influência na obra do amigo e pintor catalão.

1927 Publica *Canciones*. Estreia com grande sucesso a peça *Mariana Pineda*, em Madri e Barcelona.

1928 Publica sua obra consagradora, o *Romancero gitano*, pela editora Revista de Occidente, em que resgata a fórmula popular do romance medieval hispânico e joga luz sobre os ciganos e sobre sua Andaluzia natal. Apesar do fulminante e imediato sucesso, ao ponto de contabilizar sete edições em vida do poeta, o livro receberia forte crítica por parte da opinião de quem realmente lhe importava, o que o deixa deprimido. Salvador Dalí e Luis Buñuel consideraram o *Romancero gitano* uma expressão poética inferior e o fim de um poeta vanguardista, pois baseado no tradicionalismo e distanciado dos padrões do surrealismo francês.

1929 É proibida representação de sua peça *Amor de Don Perlimplín*. Parte para Nova York, na companhia de Fernando de los Ríos, que fora seu professor na Universidade de Granada e havia sido afastado de suas funções pela ditadura de Primo de Rivera, iniciando uma espécie de retiro a pretexto de estudar na Universidade de Columbia. Sua estada nova-iorquina de oito meses daria origem a um de seus livros mais contundentes, *Poeta en Nueva York*, em que registra os contrastes do modo de vida americano e denuncia a opressão, sobretudo aos negros.

1930 Em retorno à Espanha, passa três meses em Cuba, onde pronuncia diversas conferências e redige boa parte dos poemas de *Poeta en Nueva York*, entre outros textos. Estreia a peça *La zapatera prodigiosa*.

1931 Abdicação do rei Afonso XIII e instauração da Segunda República na Espanha.

1932 É nomeado diretor da recém-criada companhia estatal de teatro La Barraca, que realizaria apresentações itinerantes por toda a Espanha. Publica *Poema del cante jondo*.

1933 Estreia a peça *Bodas de sangre*, cujo enorme sucesso lhe permite certa autonomia financeira. Viaja pela

Argentina e Uruguai para promover algumas de suas peças que estavam em cartaz, onde é recebido de maneira triunfal e desenvolve intensa atividade literária. Suas peças se tornaram um sucesso de público em Buenos Aires, onde inclusive publica a terceira edição de seu *Romancero gitano*. Retorna à Espanha no ano seguinte, após uma estada de seis meses.

1934 Redige *Llanto por Ignacio Sánchez Mejías*, em homenagem ao toureiro e amigo morto na praça de touros de Manzanares, considerada uma das maiores elegias em língua espanhola desde as *Coplas por la muerte de su padre*, de Jorge Manrique, do século xv. Conclui *El diván del Tamarit*, livro de poemas em que homenageia os antigos poetas árabes granadinos. Estreia a tragédia rural *Yerma*, cuja crítica social provoca furiosa reação direitista. Tornam-se frequentes, na imprensa, os ataques pessoais e contra sua obra, com ênfase na condenação a sua aberta homossexualidade.

1935 Ano de intensa atividade artística, com homenagens, representações teatrais, leituras e publicações. Edita *Llanto por Ignacio Sánchez Mejías*. Redige e publica *Seis poemas galegos*, um pequeno conjunto de poemas em língua galega, inspirados em suas leituras e frutos de suas visitas à Galiza e contato com intelectuais galegos. Redige os *Sonetos del amor oscuro*. Estreia a peça *Doña Rosita la soltera o el lenguaje de las flores*.

1936 Publica o livro de poemas *Primeras canciones* e a tragédia em versos *Bodas de sangre*, esta devido ao êxito de sua prévia encenação. Conclui a peça *La* *casa de Bernarda Alba*. Num período de crescente tensão política, dá início a uma tímida atividade política em apoio à Frente Popular, que vencera as eleições de fevereiro. No começo de julho, em face da iminência de um conflito armado, os embaixadores do México e da Colômbia oferecem-lhe asilo, advertindo-o de que pudesse ser alvo de perseguição devido ao seu posto de funcionário da República, mas recusa a oferta e, no dia 13 de julho, viaja de Madri para sua casa em Granada, onde esperava encontrar refúgio. Em 17 de julho o exército se subleva contra a Segunda República, eclodindo a Guerra Civil Espanhola. Granada foi rapidamente tomada pelas forças golpistas, que deram início a uma perseguição aos partidários do governo republicano. Denunciado por um deputado direitista católico, que em um pronunciamento célebre o declarou "mais perigoso com a caneta do que outros com o revólver", em 16 de agosto é detido por tropas nacionalista na casa do poeta Luis Rosales, onde se refugiara. Na manhã de 18 ou 19 de agosto é levado, com outros prisioneiros, para algum ponto no caminho entre as localidades de Víznar e Alfacar e, sem ter passado por julgamento algum, é fuzilado com um tiro na nuca. Seu corpo permanece em local desconhecido, provavelmente enterrado em uma vala comum nas proximidades. A notícia de sua morte causou grande comoção em toda a Espanha e no exterior, repercutindo em todo o mundo os crimes da Guerra Civil Espanhola.

1939 s. Com a vitória dos nacionalistas em 1939 e a ascensão do general Francisco Franco, cujo governo se prolongaria até 1975, sua obra é proibida e torna-se clandestina na Espanha, a despeito do enorme sucesso de que gozava no exterior. Hoje Federico García Lorca é considerado por muitos o maior autor espanhol desde Cervantes e Garcilaso e o *Romancero gitano* é seguramente o mais popular livro de poesia em língua espanhola produzido no século XX.

COLEÇÃO DE BOLSO HEDRA

1. *Iracema*, Alencar
2. *Don Juan*, Molière
3. *Contos indianos*, Mallarmé
4. *Auto da barca do Inferno*, Gil Vicente
5. *Poemas completos de Alberto Caeiro*, Pessoa
6. *Triunfos*, Petrarca
7. *A cidade e as serras*, Eça
8. *O retrato de Dorian Gray*, Wilde
9. *A história trágica do Doutor Fausto*, Marlowe
10. *Os sofrimentos do jovem Werther*, Goethe
11. *Dos novos sistemas na arte*, Maliévitch
12. *Mensagem*, Pessoa
13. *Metamorfoses*, Ovídio
14. *Micromegas e outros contos*, Voltaire
15. *O sobrinho de Rameau*, Diderot
16. *Carta sobre a tolerância*, Locke
17. *Discursos ímpios*, Sade
18. *O príncipe*, Maquiavel
19. *Dao De Jing*, Laozi
20. *O fim do ciúme e outros contos*, Proust
21. *Pequenos poemas em prosa*, Baudelaire
22. *Fé e saber*, Hegel
23. *Joana d'Arc*, Michelet
24. *Livro dos mandamentos: 248 preceitos positivos*, Maimônides
25. *O indivíduo, a sociedade e o Estado, e outros ensaios*, Emma Goldman
26. *Eu acuso!*, Zola | *O processo do capitão Dreyfus*, Rui Barbosa
27. *Apologia de Galileu*, Campanella
28. *Sobre verdade e mentira*, Nietzsche
29. *O princípio anarquista e outros ensaios*, Kropotkin
30. *Os sovietes traídos pelos bolcheviques*, Rocker
31. *Poemas*, Byron
32. *Sonetos*, Shakespeare
33. *A vida é sonho*, Calderón
34. *Escritos revolucionários*, Malatesta
35. *Sagas*, Strindberg
36. *O mundo ou tratado da luz*, Descartes
37. *O Ateneu*, Raul Pompeia
38. *Fábula de Polifemo e Galateia e outros poemas*, Góngora
39. *A vênus das peles*, Sacher-Masoch
40. *Escritos sobre arte*, Baudelaire
41. *Cântico dos cânticos*, [Salomão]
42. *Americanismo e fordismo*, Gramsci
43. *O princípio do Estado e outros ensaios*, Bakunin
44. *O gato preto e outros contos*, Poe
45. *História da província Santa Cruz*, Gandavo
46. *Balada dos enforcados e outros poemas*, Villon
47. *Sátiras, fábulas, aforismos e profecias*, Da Vinci
48. *O cego e outros contos*, D.H. Lawrence

49. *Rashômon e outros contos*, Akutagawa
50. *História da anarquia (vol. 1)*, Max Nettlau
51. *Imitação de Cristo*, Tomás de Kempis
52. *O casamento do Céu e do Inferno*, Blake
53. *Cartas a favor da escravidão*, Alencar
54. *Utopia Brasil*, Darcy Ribeiro
55. *Flossie, a Vênus de quinze anos*, [Swinburne]
56. *Teleny, ou o reverso da medalha*, [Wilde et al.]
57. *A filosofia na era trágica dos gregos*, Nietzsche
58. *No coração das trevas*, Conrad
59. *Viagem sentimental*, Sterne
60. *Arcana Cœlestia* e *Apocalipsis revelata*, Swedenborg
61. *Saga dos Volsungos*, Anônimo do séc. XIII
62. *Um anarquista e outros contos*, Conrad
63. *A monadologia e outros textos*, Leibniz
64. *Cultura estética e liberdade*, Schiller
65. *A pele do lobo e outras peças*, Artur Azevedo
66. *Poesia basca: das origens à Guerra Civil*
67. *Poesia catalã: das origens à Guerra Civil*
68. *Poesia espanhola: das origens à Guerra Civil*
69. *Poesia galega: das origens à Guerra Civil*
70. *O chamado de Cthulhu e outros contos*, H.P. Lovecraft
71. *O pequeno Zacarias, chamado Cinábrio*, E.T.A. Hoffmann
72. *Tratados da terra e gente do Brasil*, Fernão Cardim
73. *Entre camponeses*, Malatesta
74. *O Rabi de Bacherach*, Heine
75. *Bom Crioulo*, Adolfo Caminha
76. *Um gato indiscreto e outros contos*, Saki
77. *Viagem em volta do meu quarto*, Xavier de Maistre
78. *Hawthorne e seus musgos*, Melville
79. *A metamorfose*, Kafka
80. *Ode ao Vento Oeste e outros poemas*, Shelley
81. *Oração aos moços*, Rui Barbosa
82. *Feitiço de amor e outros contos*, Ludwig Tieck
83. *O corno de si próprio e outros contos*, Sade
84. *Investigação sobre o entendimento humano*, Hume
85. *Sobre os sonhos e outros diálogos*, Borges | Osvaldo Ferrari
86. *Sobre a filosofia e outros diálogos*, Borges | Osvaldo Ferrari
87. *Sobre a amizade e outros diálogos*, Borges | Osvaldo Ferrari
88. *A voz dos botequins e outros poemas*, Verlaine
89. *Gente de Hemsö*, Strindberg
90. *Senhorita Júlia e outras peças*, Strindberg
91. *Correspondência*, Goethe | Schiller
92. *Índice das coisas mais notáveis*, Vieira
93. *Tratado descritivo do Brasil em 1587*, Gabriel Soares de Sousa
94. *Poemas da cabana montanhesa*, Saigyō
95. *Autobiografia de uma pulga*, [Stanislas de Rhodes]
96. *A volta do parafuso*, Henry James
97. *Ode sobre a melancolia e outros poemas*, Keats
98. *Teatro de êxtase*, Pessoa
99. *Carmilla — A vampira de Karnstein*, Sheridan Le Fanu

100. *Pensamento político de Maquiavel*, Fichte
101. *Inferno*, Strindberg
102. *Contos clássicos de vampiro*, Byron, Stoker e outros
103. *O primeiro Hamlet*, Shakespeare
104. *Noites egípcias e outros contos*, Púchkin
105. *A carteira de meu tio*, Macedo
106. *O desertor*, Silva Alvarenga
107. *Jerusalém*, Blake
108. *As bacantes*, Eurípides
109. *Emília Galotti*, Lessing
110. *Contos húngaros*, Kosztolányi, Karinthy, Csáth e Krúdy
111. *A sombra de Innsmouth*, H.P. Lovecraft
112. *Viagem aos Estados Unidos*, Tocqueville
113. *Émile e Sophie ou os solitários*, Rousseau
114. *Manifesto comunista*, Marx e Engels
115. *A fábrica de robôs*, Karel Tchápek
116. *Sobre a filosofia e seu método — Parerga e paralipomena (v. II, t. I)*, Schopenhauer
117. *O novo Epicuro: as delícias do sexo*, Edward Sellon
118. *Revolução e liberdade: cartas de 1845 a 1875*, Bakunin
119. *Sobre a liberdade*, Mill
120. *A velha Izerguil e outros contos*, Górki
121. *Pequeno-burgueses*, Górki
122. *Um sussurro nas trevas*, H.P. Lovecraft
123. *Primeiro livro dos Amores*, Ovídio
124. *Educação e sociologia*, Durkheim
125. *Elixir do pajé — poemas de humor, sátira e escatologia*, Bernardo Guimarães
126. *A nostálgica e outros contos*, Papadiamántis
127. *Lisístrata*, Aristófanes
128. *A cruzada das crianças/ Vidas imaginárias*, Marcel Schwob
129. *O livro de Monelle*, Marcel Schwob
130. *A última folha e outros contos*, O. Henry
131. *Romanceiro cigano*, Lorca